ナイスシニアの
すすめ

跡部 正明

ブックウェイ

まえがき

ナイスシニア（超高齢者）とは何をなすべきか、何を現世に残すべきか、何をしたら優しい世代と思われるかなどと考えてみました。

ナイスシニアの世代になると無常観に親しむことになります。昔は人生50年でしたので、50歳を過ぎる頃になると此の後の人生は何時に消滅するかも知れない、あらゆるものが移り変わり、しばらくも同じ状態に留まることのないという無常観になりました。しかし現代はインターネットの時代ですので、全ての記録や思い出はデジタルアーカイブとして再生可能な状態にあります。その意味では定年が過ぎ、古稀近くになっても世俗の方は無常観にさいなまれることはなくなっています。何時か得度した在家の僧侶にでも現代での無常観とは何ぞやと問いただしてみたいとも思っています。それがナイスシニアの世代になると再び無常観に何となく親しむことになるのは何故だろうか。友人が神様に帰依したと連絡をもらったことがあるし、浄土真宗のお寺に通って説話を聞いている方もいるし、得度して京都に移り住み寺巡りをして余生を過ごす方もいるがいずれも無常を感じているに違いあるまい。

一方では定年になり、子育ても終わったので生命保険に入るのは意味がないとして解約はしたが、終焉の時に子供たち迷惑をかけたくないとの思いから少額の養老保険に入った者もいる。聞いてみると最近の養老保険は90歳までに積み立てが終了するが、それからも保障は継続して、亡くなった時に満額が相続者

に支払われるのだそうだ。まさに相続金の残し方の手本のようである。このような現実味のあるのが現代の無常観かなと思っている。ナイスシニアが思うことを書いてみると、さほどのことは表現できず物足りたい思いもするが、孤独とは、修行とは、そして高度情報社会とは、についてしたためたつもりでいます。

この散文は、現状の社会に起こっている様々なよしなしごとについて、シニアをも過ぎつつある隠棲者の思いをしたためています。筋書がある訳ではなく、根拠はあるのかと問い詰められれば心苦しいところもある。思いついたままに、人生の反省を含めてしたためてみると、そこはかとなく思いが湧き出てきて若くて、いささかは知力の勝っていた頃は、いともたやすく過ぎてしまったのかと悩ましくなる。さればシニア世代の余生とは、現世の無常とは、老後の快楽とは、などを思ってみるのも良いかと思っています。

目　次

まえがき

シニアの心がけ

　男女の寿命の違い …………………………………………… 8

　シニアは何故さびしいのか ……………………………… 12

　自画像 …………………………………………………………17

　デジタルアーカイブ ………………………………………20

　心理学は面白い ……………………………………………23

シニアの楽しみ

　主夫生活 ………………………………………………………32

　スローライフ ………………………………………………34

　アウトドア ……………………………………………………40

　アンチエイジング …………………………………………46

　老人の性 ………………………………………………………49

よしなしごと

　日本語はむずかしい ………………………………………54

　寺社巡り ………………………………………………………61

　政治と宗教 ……………………………………………………68

　リカレント教育 ……………………………………………72

　スポートロジー ……………………………………………76

　植物は不死になりうる ……………………………………80

　動物には寿命がある ………………………………………84

　高齢化社会とAI（ホモ・デウス）………………………88

まなびごと

　健康寿命 ………………………………………………………94

　脊柱管狭窄症 …………………………………………………98

　体の音を聞く ………………………………………………102

　元気を続ける ………………………………………………110

寿命をのばす ……………………………………………… 114

心を修行する ……… ……………………………………… 118

自己決定権（ヘルスリテラシー）…………………………… 124

あとがき

シニアの心がけ

ナイスシニアのすすめ

男女の寿命の違い

尾瀬ヶ原　至仏山

確かに男の方の寿命が短いようです。

これは日本だけでなく世界共通であるようです。国によっては男女差が少ない国もあるようですが、列えばロシアでは50年代後半が男性の平均寿命ですが、女性は約72歳と男女差は14歳近いようです。それに比して日本では2017年の統計で女が87.26歳に対して男は81.09歳と6歳もの違いがある。ロシアの男性の平均寿命は短縮傾向にあり、男性の万が精神的ストレスを受け易く酒好きである上に、経済的窮状により満足に薬も買えないといった社会環境が重なった結果と説明されている。日本では経済が好調なことから平均寿命が延びており、飛びぬけて女性の平均寿命は延びており、それが年々性差は拡大している。これは日本では女性の社会進出が進まないことが要因ではないかとされています。男性としては睾丸を若年のうちにとれば寿命が延びるというものでもあるまいと思い性差について調べてみることにした。

シニアの心がけ

・基礎代謝量

筋肉質の男性より女性の方が基礎代謝量が少なく、少ないエネルギーで生きて行けるということになる。酸素消費量が少なければ活性酸素の発生も少ないので血管の老化が女性の方が遅く、最高血圧（収縮期血圧）、最低血圧（拡張期血圧）ともに相対的に低くいことになる。

・女性ホルモン

女性ホルモン、エストロゲンはコレストロールに作用して血圧を下げて高血圧症や動脈硬化を抑圧する作用がある。一方男性ホルモン、テストロゲンは悪玉コレストロールを増やし、善玉コレストロールを減らす作用があり、腹部に中性脂肪を蓄積させる。また血糖値濃度を制御するインシュリンの効き目を弱め糖尿病の発生を助長するなどの免疫力を低下させるので心疾患や脳血管疾患に罹り易くなる。

男性の方が基礎代謝、ホルモンの作用等で相対的に高血圧であり、免疫力が少なくなり易く、生活習慣病に罹り易い環境にあるようです。また男は社会で働くことから老齢期に至るまでに、過労、ストレス、食生活の乱れから生活習慣病に罹り易くなっており、老齢期になってからも生活習慣が改まりにくい状況にある。一般に男性の方が健康管理に関心が低く、行動が伴いにくい傾向があるようですが、平均寿命、健康年齢ともに向上しているのに、男女差が縮まらないのは、更なる社会的要因がありそうな気もする。

同じ年代の夫婦であっても、残る寿命に性差があり、女の方のが寿命が長いのならば、普通は老後の生活に余裕が違うし、時間の使いかたにも違いがある。通常は男性の方が２〜３歳は上

の場合が多いようなので、同じ生活を共同で営む家庭生活であっても、男性の方が体力的にも社会心理学的にも不利であり、結果的に生活のリズムの違いに耐えて行かねばならないことになる。

沖縄の男性は最近まで日本一であったが2006年には26位に転落している。女性の場合はどの地域に住んでいても特定年齢に死亡率が高くなることはない。ところが沖縄の場合では65歳以上は引き続き日本一ですが若年層の死亡率が高くなっている。何処に行くにも車に乗り、米国式の食事を取り、良く酒を飲むといった生活環境に左右され易い男性に短縮現象がはっきりと現れたと考えられる。離婚率の多いのも影響しているとも言われている。

2002年統計によれば男女合計の平均寿命が80歳を超えている国は日本（81.9歳）、スイス（80.6歳）、オーストラリア（80.4歳）、スウェーデン（80.4歳）である。それぞれ性差の違いがあり、それぞれ国情の違いがあるものの、先進国であること、生活習慣が共通しているようだ。日本女性の長寿の特徴は、専業主婦の存在にあるという。女性の社会進出が進めば、逆に男性が家庭に入るといった選択も生じることから社会的ストレスも減り、性差も減ると期待される。男女ともに日本人が長寿世界一になったのは遺伝的に有利な背景があったわけではなく、長寿をもたらす社会制度が存在したためです。とりわけ女性の長寿は、医療保険の皆保険に加えて、配偶者控除、配偶者への年金制度などの専業主婦が長生きできる制度の存在が大きい。このような社会状況を進化論的にみれば動物の世界では、女は繁殖があるのでエネルギー配分を体の修復に多く配分する生活

シニアの心がけ

をしてきたが、男は狩猟や戦争に行くので体の修復に気を配ることが少なかった。その結果、狩猟や戦争が亡くなった現代であっても遺伝的に男は体の修復にカロリーを少なく配分するように進化してしまったようです。

現代社会であっては男性もリスクの多い職業を離れ、専業主夫化すれば社会的ストレスが軽減され寿命も延びるように進化することになる。しかしそういったことは各論であって、性差が伴う現代の社会生活においては総合的な生活の組み立てが必要になるでしょう。平均寿命や健康寿命に差があるということは、人生が終焉に至ってから生活様式に大きな差が生じているようです。夫婦の間であっても、一般的には男性は衰えが早く始まるから、老後の生活の一環を女性に頼るようになり、個性が損なわれてくれば次第に孤独感にさいなまれて自分の人生の方向感覚を失ってゆくようです。だが女性の方も歳を取ってゆくので、老人夫婦2人だけ顔を見合わせながらの生活は互いに限界があり、やがては男性の方が望んで消えてゆくことを選択するか、諦めの境地に至っている。そもそも子育てが終わった老後の夫婦では、性的に同居している理由もないので、しいて言えば経済的に共同生活を継続しなければならないだけであり、愛情が二人を結び付けているというより、互いに干渉しないでほしいし、互いに健康であって欲しいが人生の終焉期であるとはっきり意識しているわけではない。人生の健康寿命に7歳近い性差があるので、一緒に終焉まで暮らすのであれば男性諸氏はあまり在りえない愛情などに頼らず、一年発起した人生計画を確立してみたらどうかと思っています。

ナイスシニアのすすめ

シニアは何故さびしいのか
アヤメ平　燧ヶ岳

古稀を過ぎると何か寂しい。
共生社会から遠のき、生活が個人化しているせいか、将来が少なくなってきてコミュニケーションの場からはずれてようとするからか、あるいは他にも原因があるだろうが良くは分からない。幸いまだ健常者である、何も落ち込むことはあるまいと思うのだが、将来計画を立ててはため息をつき、破り捨てては起き上がり、またやみくもに考え込む自分の姿が脳裏に残る。若い人とは仲良くなりたくない、まして年寄りとは付き合いたくない。いずれも生活のペースが違いすぎるので話題が無いように思える。

友人のK君が先日亡くなったのは精神的にはかなり答えているようだ。それほどの付き合いではなく年に１回の中学同期会の幹事を長年続けていただけであり、それ以外には付き合いはなかった。いつも同期会のある度にK君が亡くなったら終わりに

するよと言っていたので、その通りにしようかとは思うが、気分的にはすっきりしない。だからといって少ない人数で開催しても負担が増えるだけで楽しくもないからやめるのはいいのだが、付き合いを断つことは耐え難い気もしている。先にはいくつかのグループの幹事を仰せつかったことがある。山仲間の会はほぼ同年齢の友人が、家族で登山を楽しんでいる、100名山登山を目指しているので情報交換しようと集まったグループでしたが、皆さまが目的を達成したころから情報交換が遠のき、やがて返信がないままに断ち切れになっている。スキー仲間も冬場になると何となく声かけあって参加者を募ったのだが、最近は参加者が減っているようだ。年賀状も毎年出してはいるが、本年をもって年始のご挨拶は遠慮させていただきます、との賀状が増えているのにはまいってしまう。

定年退職が60歳、それからの今日の古稀までは自分としては自我にめざめて、何がやりたいか、何ができるか、何が今までの人生との継続になるか、無理はないか、計画的かなどと考えながら過ごしてきた。楽しかったし、実績も上がった、ホームページも沢山作りました。しかし悠々自適ともいえるこの10年も過ぎてしまい、更なる10年を考えて計画を立てなければと思っていた折に、資格取得検定にはトチるし、脊柱管狭窄症にはなるしで幸先良くない。まずはもう一度健康について考えておく必要がありそうだ。人生90年として、あと20年、研究するには根気が続かない、評論のようなことをして専門家としての意見を求められたら対応するのも良いが、めったにそんな機会は無いだろう。世間が老人に声をかけるなら、もっと安定し、少しで将来が有る人に頼むだろう、それが保証というものだろうと

思っている。

この歳になって、将来の希望が持てない状況だと何か寂しい。最近のメール連絡はテニス、スキー、旅行、飲み会と言った遊びの誘い、亡くなった人の訃報連絡、やたらと多い宣伝メールだけで絶対にこないと確信できるのは仕事に関するもの、業務の依頼を指すもの、建設的なご意見に係るものは何もない。すなわち外部から入る情報の選択肢は沢山あるが強制されるようなものはない。何をしようが、時間をどのように使おうが、体の治療に使おうが自由である。この全く自由であるというのが曲者で、限りある人生ではこの自由な時間を己の研究と寿命の延長に使うべきかと考える。考えるが、どのように考えるかが難しい、さして難しい訳でもないが選択肢が多くあるので良く整理して順番を決めて、実行条件を検討し、目標を定めて実行というと簡単そうであるが、さて思ったように進まない。

子供や孫の成長には目を見張るものがある。子供は力強く社会生活を楽しんでおり、楽しみながら成長を続けているようだ。孫も毎日やることが沢山決まっており、母親の決めた通りに元気に生活している、それで決まって体は大きくなって知恵もついてきているのが何となく接する態度で分かるようになってきた。じじ・ばばは元気よく自由にスケジュールを作って過ごしてはいるが、全て自分のためと決め込んで勝手な事をしている。なんとなく漂ってくるのは、底意地が悪くなってきて愚痴が言いたいが我慢している雰囲気である。

最近話題になっている孤独の勧めを読んでみました。高齢者は

感覚、知力、見識と衰えてゆく。いずれ体力が限界になるので、世の中で存在感を示そうなどと考えずに、邪魔にならないように世間からは身を引いて孤独を楽しめる環境を準備したほうが良いのではないか。孤独であっても人生を回想する楽しみがあるとの勧めでした。確かに体力が衰えてみじめな思いをする前に、生活パターンを変えたが方が良いとの意見に思える。確かに最近は元気なつもりでも転びそうになり足元がふらつくことがあり、字を書いていても漢字が出てこないことがあり、まして字が汚くなったと思っている。古来より中国では人生を四つの時期に分け、それが青春（せいしゅん）、朱夏（しゅか）、白秋（はくしゅう）、玄冬（げんとう）と順に進んでゆく、あるいは人生のリズムがあるものとされている。古稀も過ぎれば人生は玄冬の位置にあることは間違いないが、この時期では老いを認め諦めることが肝要とされている。諦めるの本来の意味は「明らかに究める」であり、はっきりと現実を直視することなのであり、勇気をもって直視する、覚悟することであるとの教えであるようだ。だが昨今の高齢者は優秀な医療制度に支えられており、長生きが当たり前になり玄冬期であっても、あたかも第二青春であるかのように人生を楽しんでいる。しかし人生のリズムでは玄冬期の後半には崩壊期があることを想いそれの備えも必要になるが、それが孤独な生活であるのではないかとわきまえている。

ところでシニアにとって学習とは何かについて考えておきたい。若い人たちにとって教育は、これからの人生を歩むに当たって必要な指標を得るとともに、先人たちの知恵を体験し、古からの経験を習得し個人の能力を錬磨し、しいては社会活動

に必要な知識を授かるものであると心得ていた。これからすると、シニアに必要な教育とは人生が終焉に向かっている時期であるから学習の指標としては上手な死に方の勉強ということになるが、これは考えてみれば分かることであるが在りえない。どうせ死ぬなら上手であってもなくても、どうでも良いことである。いずれであっても死んでしまえば良いのである。であるがシニアであっても学習している方はたくさんいらっしゃるし、個人活動に役立てている方もたくさんいらっしゃる。どうもシニアにとって学習は旅行、スポーツ、ボランティア活動などの社会参加と同じく残った余暇時間を過ごすための便法であって指標（目的）ではなさそうと思案される。シニアではあるが指標を持って成果を上げたいと思うなら、個人での活動には限界があることを自覚して、社会に復帰してその一員として活動した方が良い。まだまだ元気な老人は社会で働いて人生に貢献した方が良いのではないかということになるが、さてこの理屈が通るようでは、世の中は怪しくなるのではないかと思案される。

個人的活動で文章を書くことなら、ひょっとして当たるかもしれないし、でなくとも己の心理分析、反省になるだろうと始めてみたが、それほど容易なものではないようだ。関係しそうな文献や原理・思想を読み込まなくてはならないし、盗作、倒錯があってはならないし、エッセイ、つぶやきでは売れるようにはならない。売れるには物語でなくてはならないし、初めは自分の経歴をネタにするしかないのだが、これがたいしたものでないならば、さらに寂しさは増してしまう。

自画像

尾瀬　笠ヶ岳

自分の顔の話から始めよう。

年は取りたくないものであるが、年を取れば外観でわかる。一般的に男の場合は髪の毛がなくなりやがては丸坊主に光をおびてくる、腹が出てきてBMIが不適合になる、そしてやがては骨格筋が足腰を支えきれずに不自由になる。白髪になる老人は多くはやせ型が多いようだ、食事が細くなるせいだとの説もあるが近代では、老人は健康に留意して過ごしているようなので栄養が足りないということではないだろう。足腰を痛めたがために急に老け込んだ人もいるようだが、これは動けないがために運動不足になりやがては筋力低下、免疫力低下と悪循環に落ち込み、やがては生活習慣病を併発することになる。とにかく高齢者は怪我をしたら体力が急に落ち込むし、病気がちだと生まれが不幸だとか遺伝性だとかいったところでアルツハイマーが近づいてくる恐れがある。

ナイスシニアのすすめ

高齢者の顔はだんだんに長めになってくるのはご存じだろうか。生まれたて赤ちゃんや童子は丸顔だからかわいいのであって、柔らかくて肌に潤いがあるから抱き寄せてみたくなるものである。それが加齢者になると堀が深くなり湿気がなくなり、触診してみようなんて気はさらさら起きないものである。人によっては顔に染みができ、高齢とともにそれが増えていくのを放置しがちのようである。高齢の女性タレントにはTVで拝見することが多々あるが、実にお年を感じさせないほどに整っていて皺など微塵も見えない、そうは言ってもTVで見てのことだから触診すれば、肌の衰えは分かるはずだが、そんなことはさせてもらえるはずもない。ちまたの高齢の女性もよく肌の手入れはしているようで、化粧を長年続けている効果もあるだろうが、はた目から見ただけでは70代なのか80代なのかは判明できないことが多い。費用もかかるだろうが世の中の進展に従い情報があふれて可能性は増えてきているので高齢男性諸氏も加齢を前面に現すのでなく、遠慮がちに立ち居振る舞いするようであれば、世の中もあるいは高齢化の脅威が減退したと思えるようになるかもしれない。

高齢者の顔は面長になってきている、と言ってもこれは一般論のようであり、女性にも適用できるかと言えば疑問がある。奈良の興福寺の国宝に阿修羅像があるが、顔が3面、腕が6本の木製立像であるが、阿修羅の3面の顔は童子、青年、老年を表しており丸顔から面長に変化している。7世紀の奈良時代の製作でしょうから、彫り物師は当時から人の成長を理解していたことになる。運転免許証は3年毎に更新に行っているが、古いものも残しているので顔写真を比較してみると、確かに若い時

は今よりは丸顔で精気が感じられたが、70代になると面長で優しさが感じられない雰囲気がある。顔の長さの変化だけではないだろうが、人生の疲れが面長の顔に表れているとは思えないが、さらにほりが深くなり、皺が増え、染みが増えてくると年相応と思えるようになる。高齢になると加齢臭がすると言われることあるが、確かに臭いのもと（ノネナールと命名されているが、体臭が加齢とともに変化する）を発散している方もいらっしゃるようだが、大概は高齢者なりに雰囲気を醸し出していることが素因になっているようだ。ちなみに高齢女性に加齢臭がするとはいわがないが、一目見れば年が分かる場合が多いからだといえばその通りかもしれない、男性高齢者の気遣いが必要とも思われる。

ナイスシニアのすすめ

デジタルアーカイブ

尾瀬ヶ原　景鶴山

定年退職した時はほっとしました。
そつなく事故も少なく過ごしたので、一応家族への努めを果たしたし、共生社会の発展にもある程度の貢献もできたとの思いもありました。これからの老後の生涯は長くはないが幸いに健康であるし、元気でした。これからの余生を計画的に、思うがままに過ごしたいが、いつ終焉が来るとも分からない。それで始めたのがデジタルアーカイブでした。日々の己の記録に残せば、反省もでき、あるいは立て直しもできるのではないかと思われました。日記を書くのも良いでしょう、行動記録を残すため、己の主張を述べるためのSNS（ブログ、ツイッター）も良いでしょう。もっと詳細に記録を残したければホームページを作るのも良いでしょう、いずれであってもアルバム帳に写真で残すのは時代遅れと言わねばなりません。

10月1日は例年からすると何か良からぬことがあるのではと予

感がしていたが、ホームページ消去の連絡がきて本当にびっくりしてしまった。使っていたのはyahoo!ジオシティーズです。オンラインで編集ができFTPを使わずともアップロードが出来て使い勝手が良かったのですが残念としか言いようがない。6ケ月後の3月31日をもって消去しますとメール連絡があっただけで、取り付くこともできない。

そもそもホームページつくりを始めたのは老後の生活の記録を生活の目標として頑張ってきたので残念としか言いようがない。ホームページは電子媒体に記録された著作物であり、著作権があるから永久に残るものであり消去されることはないと決めつけており、またそのように信じてもいました。しかし現在の社会的扱いは電子通信事業の一環であり、事業が継続できなくなった場合の消費者(クライアント)の権利を保護する規制はありません。既に2004年に総務省から「電気通信法の消費者保護に関するガイドライン」が発行されていました。これによると撤退してホームページなどの消去を行うときには、事業の規模にもよりますが1ケ月から9ケ月前に通告し、出来ればデータ移転の方法等を案内した方が良いと書かれている。データを保護しなければならないとは書いてない。今はやりのクラウドサーバのサービスも契約書にもよるようですが、撤退してはいけないことにはなっていないようでした。では個人情報保護の観点からはどう扱われているかというと、そもそもホームページは公開することが原則ですから、消去してはいけないとは書いていないし、むしろ消去したくてもできないで困っているケースの方が多いようです。また著作権の観点からみると、ホームページのどこが著作権になるか、無料で公開されている著作物に著作権は認められていません。しいて言えばデザインを

ナイスシニアのすすめ

盗用することで問題なるケースがあるようです。ホームページのデザインはほとんどが類似していることから、規制することで争いになったケースは少ないようです。

このように概観してみると、ホームページ作成を始めた時の認識が欠けていたことを痛感し、自分の大事な記録を残したいと思うならば、移転するか作り直しするしかないと理解されました。そして再生したとしても、いつまた消去されないという保証はなく、確実に言えることは、多くの有料のホームページサーバでは一定期間に追記、改定が行われなければ消去されると管理規定になっていました。さらに確実に言えることはホームページの所有者が何時か生涯を閉じれば、生きた証として残されたホームページは、やがては終焉となることです。

10月1日に廃業の通告を受けてからホームページの移転に集中し根気よく続けました。でも期限のある移転作業を始めてみると集中しなければならず、活動的瞑想をしている感覚で記憶力が増し、意識もはっきりしてきたように思っています。一つは10年以上も前からのホームページを再現させることでたくさんの生活の記録がよみがえったこと、もう一つは移転の手段を如何に改良するかで情報システムを勉強しなおしたこと、さらには集中して移転作業することで生活の目標出来たことです。まったくマイナスにしないことが肝要なようで、3月末の期限までに移転は完了しました。移転先はクラウド型高速レンタルサーバですが、1年毎の契約更新、即ち生存確認が必要になっています。

心理学は面白い

尾瀬ヶ原　水芭蕉

人間の生活行為をいろいろの局面からデータに基づき分析してゆくと、人間の行動がある程度予測できるようになります。
人間の考え方とその事象について理解することを昔は哲学と言いました。しかし哲学はファジーな現象をなるべく分かりやすく分類し統計的に推論を施したものでしたので根拠に乏しかったのです。それに対して最近の心理学は人間の心理には個人差があることを前提にして人間生活の様々な切り口からデータに基づき分析し統計処理により行動を確率で予測しています。確率で足りないところはデータの不足であり、個人差であることになるが、データの活用方法、分析方法が更に進展すれば将来さらに精度が上がることが期待できます。心理学は全てデータに基づくものですので、データを取得する局面から多くの分野に分類されています。

認知心理学

認知（cognition）とは、外部の対象や事象に関する情報を「後天的な知識・記憶・学習」の影響を受けて理解する過程のことで、知覚（perception）とは、目・耳・鼻・舌・皮膚の感覚器官から直接的に情報を摂取する過程のことです。知覚と認知は明確に区別できないとする立場もありますが、後天的な学習活動や記憶内容、知識水準の影響を受ける情報処理過程である認知は、対象や事象に関する知識や経験と無関係に情報処理を行う知覚よりも、より高次な情報処理過程であり知のシステムであると言えます。

直感的には、認知の影響をそれほど受けていないように思える身体運動さえも、「身体・空間の位置知覚系」を活用して、自己の身体と対象の位置を瞬間的に知覚しながら、対象や外部環境の認知へとつなげ適切な運動制御を実現しています。知覚と運動を関連させて研究するだけでも、人間の身体・知覚・認知と外部世界の状況変化がダイナミックに相互作用していることを理解することが出来ます。

認知は「統覚」と「連合」の二段階にわかれた処理である。統覚は、風景などの知覚から形を取り出す働きであり、その形が何であるのかを判断する働きが連合である。認知の障害が失認であり、見えたり聞こえたりすることはできてもそれが何であるか理解できない（連合の障害と統覚の障害とでは症状には差異がある）。見たものが認知できない視覚失認のほか、相貌失認・手指失認など様々な症状があり得る。

社会心理学

人間にとって、他の人間、および、人間がつくる社会集団は、

環境の中の非常に重要な部分です。人間の認知は、人間集団の中で適応的な行動をとるために発達してきたという側面もあります。心理学は、その対象から大まかに社会行動とは関係ない生理的な過程における心理の研究を行う生理心理学と、社会行動や社会生活によって影響される社会的な過程における心理の研究を行う社会心理学がある。人間は単体である場合と集団である場合には明らかに異なった心理過程を抱く。社会心理学はこのような社会的な人間の行動を集団内行動と集団行動とに分類し、加えて集団を形成する個人のパーソナリティーや対人行動の観点からも取り組み、それらに関する実証的な心理学的法則を解明する事を目的とします。研究手法の違いにより、大きく分けて心理学的社会心理学と社会学的社会心理学とに分類されているが、両者とも接近した研究テーマを扱っているようです。

催眠の心理学

催眠術とは「暗示の作用が高まる変性意識状態という特殊な心理状態に導き暗示を与えること」です。意識は「顕在意識」と「潜在意識」という二重構造になっています。顕在意識は現実に接している意識であり、それは「気付く」という働きを見せます。あることに気付いているというのは顕在意識の活動です。顕在意識は情報を収集しそれを選別します。また可能性を探り決定や判断をします。そしてその背後で顕在意識を支えているのが潜在意識（無意識とも言う）です。潜在意識には顕在意識上には昇らない莫大な記憶がたくわえられており、寝ているときも活動し、見えないところで私たちの精神活動を支えています。顕在意識が氷山の一角であるならば、潜在意識は水面

下にある見えない部分であるといえます。通常、情報は顕在意識の検閲を受けます。その顕在意識と言うフィルターを通した情報で以って判断し行動を選択します。しかし催眠では、直接潜在意識に働きかけを行います。そのために潜在意識を取り巻いている顕在意識を部分的に休ませる必要があります。

意識の状態には「清明度」と「質」と「広がり」という三つの尺度があります。その中で催眠に深く関係しているのが「意識の広がり」です。催眠中には意識の狭窄が起こっており、その状態では暗示を受け入れやすくなります。このように顕在意識が狭まっている状態は、生理学的に言えば大脳新皮質が部分的に休止状態にある状態です。例えばテレビゲームに熱中していると時間を忘れたり、あるいは横から声をかけられても耳に入ってなかったりしますが、これも一種の変性意識状態です。テレビゲームなどは自らそれに集中している「能動的集中」ですが、催眠の場合は受け身である「受動的集中」というものになります。

催眠術ではその意識の集中などを利用して意識の狭窄を起こさせ変性意識状態に導きます。この状態になると潜在意識へのアプローチが容易となり、暗示を受け入れやすくなります。催眠の本質は自己暗示ですので催眠術をかける側は何らかの力でかけられる側の人の心や行動を呪縛しているわけではなく、あくまでその人の自己暗示を誘導しているだけですのでコントロールはあくまでかけられる側にあります。催眠術の本質は自己暗示であるが故に、かけられる側の動機付けが必要です。つまり「催眠なんかにかかってたまるか」などという人に催眠術をかけることはできません。また催眠のかかりやすさは人によって

違います。5〜10％ほどの人はまったく催眠にかからず、また催眠にかかっても、もっとも深いレベルにまで達するのは15〜25％程度だと言われています。

錯覚の心理学

錯覚というのは脳の中で起きるもので、目や耳などの感覚器官から送られて来る情報を基に脳が判断した結果が現実と異なることを錯覚と言います。

２本の短い鉛筆を真直ぐ縦に並べて、その継ぎ目を消しゴムで隠します。大概のひとには、それが一本の鉛筆に見えるはずです。手の親指が抜けてしまう手品と同じですね。これは、感覚器官から得られる情報の不足を、知識や経験によって補うという能力が脳に備わっているからです。明らかに、見えない部分を脳が経験的に、また、勝手に判断してしまっています。

このように、情報の不足を補うために脳が予測した結果が実際の状態と違うものは全て錯覚ですし、世の中には錯覚を起こすための偽情報なんてものもあります。そして、我々の日常には、むしろ錯覚によって成り立っているなんてものもたくさんあります。身の回りにあるものとしては、絵画や写真、映画であり、平面に投影された虚像であるにも拘わらず、我々はその立体感や動きまでを楽しむことができます。これは、近くのものは大きく見えて、遠くのものは小さく見えるという経験に基いて脳が判断を下した結果です。最近ではサラウンドなんていう音響システムもありますが、ステレオなんていうのは耳の錯覚の典型で、音の位置や方向を感じますが、実際には、左右のスピーカーから出ている音の大きさが違うだけです。

物の見え方と同じように、やはり我々には遠くの音は小さいと

いう経験的な認識があります。更に遠近感を出してやるために
は「ディレイ（遅延）」で音をずらし、到達時間が遅れたよう
な感じを与えるデジタル技術もありますし、映画は臨場感とい
う、正に錯覚によって楽しむものです。

先ほどの鉛筆の錯覚なんですが、これを研究した学者さんの報
告では、このような判断は、既に第一視覚野で起きているらし
いということです。つまり、視覚情報は、高次の処理中枢に伝
えられる過程で段階的に処理されているということです。視神
経はRGBに対して片目で600万画素という情報を受け取ること
ができますが、その全てが脳に伝わるわけではありません。ド
ットが縦に並んでいればそれは「縦線」、同心円上に並んでい
れば「円」といったように、情報は次第に簡略化されてゆきま
す。これは、脳が素早く判断を下すためですが、脳に伝わる情
報の欠落という事態も招いています。そのために、脳は既知の
情報を付加して様々な判断を下さなければなりません。

このようなことに関連して考えられるのは、コンピューター・
ディスプレーなどに映し出される文字や画像です。テキスト文
字は元々ドット・黒点の集まりですが、脳はそれを迷わず線の
組み合わせと判断します。人間の目はコントラストに関しては
かなりの解析能力を持っているのですが、脳がそれを点線と判
断するためには、もっと粗いものでなければなりません。尤
も、最近のディスプレーは目そのものをごまかすくらいの精度
に迫っているようです。

また、人間の目には色を捉えることのできる視覚細胞はRGB
の三種類しかありません。それにも拘わらず、虹は7色に見
えますし、我々は生活の中に様々な色彩を感じることができ
ます。全部で三種の光しか見ることはできないのですから、そ

れ以外の色は脳が勝手に作り出したものだということになります。色とは電磁波そのものの物理的な性質ではなく、人間の脳が便宜上作り出したものだということになります。そういう意味では、色彩そのものが人間の脳で起こる目の錯覚と同じ現象だということもできることになります。電磁波は、人間の目に見えない紫外線や赤外線なども含めて様々な周波数帯が不連続に絡み合っているのが自然の状態です。しかし、それを再現するためにもテレビでは人間の目に向かってRGB三種類の電磁波を放射しているだけなのです。

シニアの楽しみ

ナイスシニアのすすめ

主夫生活

福島県三春　滝桜

老後の生活には目標設定が必要と思っています。
古稀を過ぎた自分に何が目標かという意見もあるだろうが、とにかく何か目標がないと面白くない。だからといってこれから何ができるかといっても、多くはこの歳になるまでに培った経験の延長でしかない。振り返ってみれば音楽の才能はないしカラオケなどは最も不得意である、画才はないし書もたしなまない、美術・芸術も好まないし鑑賞・観劇もしない。工芸にも携わったことはないので手に技を持っていることもないし陶芸など大嫌いである。生物を育てる気もなければ犬・猫を飼う気もない、植物を栽培する気もないので農業には向かない。まして水産物を扱う気もなければ、気短なので釣りも苦手である。このように反省してみると、確かに才能がなかった、やる気が無かったようだが、いずれもやっては見たが、いずれも中途半端か興味が頓挫して無為なことになってしまった。こうしてみる

と老後の目標などありえないではないかと思われる。

そこで考えたのが主夫生活です。家族が仲良く暮らすには家庭の事、家事、掃除、庭の清掃、食事の支度はシニアがするのです。奥様方は子育てが終わる時期になると個性を取り戻し、更なる人生に目標を設定し、新たな生活様式に容易に挑めるようです。子育てが終わったのだから次は孫さんの面倒を見てくれればいいのですが、それが生物としての人間の輪廻でしょうと思うのですが、生活が豊かになった昨今では孫の育成は母親がやるものと納得して、余った時間は亭主の面倒だけはみないと決めているようで、途端に外出が多くなります。

残された亭主は、同じく外出すれば良いのですが、お付き合いする友がいなければままなりません。食事の準備もしてくれなくなります。それならば、在職中は嫁さんに面倒をかけたので、その償いもあり亭主が主夫をすればよいのです。

主夫生活も始めてみるとなかなか奥深いものだと分かりました。ただ食事だけ作っていればいいというものではありません。後片付けはしなくてはならず、事前に買い物をしておく必要があります。必然的に掃除もしなくてはならないし、ゴミ出しもしなければなりません。でも、定年前は妻がやっていたのかと思うと、決して満足するほどにやってくれたとは思いませんが、感謝する気になれば耐えられます。いつまで主夫生活を続けなければならないかと思うと不安になりますが、生活の時間が規則的になり、どうしても歩き回らねばならないことから元気でなければなりません。何といっても家族から頼りにされるのは、限りない優越感があるようです。

ナイスシニアのすすめ

スローライフ

山梨県北杜市　神代桜

最近はよく遊んでいる。

しかし、高齢者が日々の時間を過ごすことを遊ぶとは言わないらしい。何となく日課があって、それにそった生活をすることは、何かしているとしか言えないようだ。この何となく定めたはずの日課は元気ですごしているうちは長持ちして、老人性凝り性で続けようとするのが日課である。このような日課から外れて別の行動をすることを老人の場合は遊んでいるというらしい。

若い世代が言っている遊びとは、一般的には収入のない仕事をすること、あるは散財しながら時間を過ごすことを言うようだ。しかし老後を過ごす人々にとっては、この定義でいうと毎日を遊びで過ごしていることになるが、本人たちはそうは思わないで、先に言及したように何となく決めている日課を逸脱した行動をすることを遊ぶといっているようだ。もともと退職して年金暮らしであれば収入のない仕事をしても、先に定めた日

課の一環であることになる。老人が出歩いて、よく遊びに行く
ということは、それが日課のうちになり、散財することだけが
遊びになる。老人たちにしてみれば、収入が少ないことを考え
て、遊びは少なくして倹約した生活したがるようだ。だから老
人たちは皆が凡人であり、遊びに熱中している老人であれば、
その方は天才にと言わざるを得ない。

大方が凡人である老人の生活は、何となく定めた日課を達成し
て過ごすことであり、その日の成果であり、傍目からみれば成
果などとはいえたものではない。だからと言って成果がない訳
ではない。日記を書いたりして、何等かのことをやっている。
だから無為に過ごしていることにはならないが、しいて言えば
大きな成果がないし、毎日が兼ねて予想した通りに過ぎてゆ
く。時間を束縛されているのではないのから、自由に自分の時
間があるのだから文句の言いようのない生活をしていることに
なる。

毎日の運動を欠かせないように過ごしている。これは筋力を増
やし毛細血管の血流を増やそうとする試みです。なるべく外出
の機会を作るようにしているのも社会との接触を保とうとする
試みです。記憶を整理しようと作文したり、記録を整理してホ
ームページやツイッター、ブログに残すようにしている。毎日
の朝食と夕食も自分で作っているが、これは高齢者の仕事であ
ると考えて、少しはまだ若い他の人への貢献もするべきかと心
掛けている。なるべく最近では流行語になっているポジティブ
エイジング（Positive　aging）を心掛けているが、こういった
ことを継続することが大事とは思っているが、これがいつまで

続けるのか果てがない。

これから何をしたいかと考えるに、まず歳を考える。やり始めたからには中途で終わりたくないし、残る時間が多くはないことを考えると無駄にはしたくはないが、だからと言って選択肢は多くはない。だいたい70歳を過ぎてから人生を考えるということが不謹慎であり、せめて健康に老後を楽しく、娶った妻を愛おしんで幸せな余生をつつがなく過ごすのが良いというものであろう。しかし、それは余生があと10年ほどの場合であって、90歳過ぎまで生きるとすれば、まだまだ世の中に残って活躍する意義はある。それにはまだ若い人たちとの交流を大事にして、引き込まず、意固地にならず、威張らずに過ごして、自分を前面に出すような生活態度は避けるべきかと思っている。著名人で実績があり、人生を語って残せるような履歴を残した人ならば、周囲の人が後押しして、しかるべき余生環境を提供してくれる、あるいはしかるべき居場所を自分で確保することもできようが凡人の老後ではそれはかなうまい。凡人であれば本来は早めに消えるのが社会のためであると思うのであるが、さてまだまだと思いつつ、さてこれから何をして世に残そうかと考えるのも凡人であるからだろう。

最近になってようやく整理してみたら使える金が2000万円ほどあることが分かった。子供たちに分与した金は使えない、妻が持っている金は絶対に分けてくれないだろう。不動産に投資した金は子供たちが相続するものと当てにしている。してみると個人的に蓄財したのが上記の金額である。まず病気もするだろうし葬式代も必要だろうから、わずかであっても生命保険には入っておかねばなるまい。その後の生活資金を残し、この金を

どうやったらもう少し増やせるかがここ数年の課題である。増えれば手元資金が豊富になり余生の考え方も変わろうというものだが、さてさて今までの人生の蘊蓄を資して考えてみたい。まずはこの金額が平均的な余生にしては多いか少ないかであるが、けっして多いとは思えないが、仕方がないとしか言えない。サラリーマン生活約40年で得た稼ぎは子供2人との生活費と持ち家の購入とローンの支払いで使ってしまい、今は年金暮らしで明け暮れている。年金は良くできたもので、それこそ贅沢はできないが細々と余生の日々を暮らしてゆくに相当する金額であり、贅沢しようとすれば積立金を取り崩してゆくより他はない。人生をもう少し上手に振る舞い、子供たちが自律して離れていった後からは工夫できたのかも知れなかったが、反省してみても資金がどう出て行ったか未だに分からない。人生全て結果だけである、経緯がどうあれ、履歴がどうあれ、前向きにこれからを考えてゆくしかないだろう。妻や家族の幸せも想いたい、子供たちの行く末も考えたい、孫たちの成長も祈りたいなどと思いながらも自分の古稀を過ぎた余生の平安を願っている。

この歳になって何ができるかを考えてみた。
芸術に係るものはまずこの歳になると不可能だろう。芸術とは絵画、彫刻、音楽、作曲、芸能、ダンス、陶芸、三味線などは才能がないから今までやっていないことは確かだが、やったとしてもうまくいかないと予想できる。芸術とは歴史があり評価のされ方は古よりの評価を鑑みて、更には評価の根拠を経歴だけでなく何方の指導で成されたかが考慮される。したがって70歳を過ぎた者が始めたとしても評価する方々も困るだろうが、

結果は相互の経験者によるものとすれば忖度するものでもあるまい。スキーのバッジテストについて学んだことがある。上手な人が階級を上げられるのはもちろんのことであるが、毎年スキー連盟では、この年の滑り方はこれといった流行の滑りを決め、これをスキースクールのインストラクターから学んでいないと識別点で落伍する仕組みであるようだ。芸術を学んで個性を生かした才能を発揮する余地は無いことになる。

ここ数年苛立たしく、凡人らしい思いをしながら過ごしてしているが友人のSさんからジャネーの法則を教えてもらった。私は同期会の幹事などをしている時から枕詞に以下のような文書を使っていました。「また今年も同期会のご連絡です。この歳になると時間の過ぎるのが早く思えるようになり、何かいろいろとやっているようですが、今ひとつ満足できない昨今ですが、皆さまはお元気にお過ごしのことと思います」
この感覚を説明しているのが心理学者のジャネーノ法則なのです。
ジャネーの法則とは、主観的に記憶される年月の長さは年少者にはより長く、年長者にはより短く評価されるという。簡単に言えば時間の心理的長さは年齢の逆数に比例すると主張している。
例えば、50歳の人間にとって1年の長さは人生の50分の1ほどであるが、5歳の人間にとっては5分の1に相当する。よって、50歳の人間にとっての10年間は5歳の人間にとっての1年間に当たり、5歳の人間の1日が50歳の人間の10日に当たることになる。なお、この法則については、現代の心理学では扱っていない。即ちデータに基づく究明がされてはいないことに

なる。

人の認識は5歳の頃に急激に発達し、老境に至るとアルツハイマーを発症するがごとく、知的活動はしていても発展は少なく記憶にも残りづらいということか。何となく身に染みる思いがするが、少なくとも個人の生活の記録（デジタルアーカイブとしてSNSやホームページに掲載したもの）からすると多くの成果を上げているようだ。人生の行動と記憶の相関があるか調べてみる必要がありそうだと思っている。

ナイスシニアのすすめ

アウトドア

群馬県片品村　天王桜

先に健康寿命を延ばすにはアウトドアが良いとおすすめしたことがあります。

アウトドアスポーツは屋外での有酸素運動で体の筋線維強化のストレスを与えるので、体調を整えるによく、健康具合が感性として把握できるので、次なる楽しみを考えるのにとても良いと思っています。健康寿命に気をつけるには、目標をもって計画的な生活に生きるのが良いと他の人にもおすすめたこともある。目標があることは、生き方が具体的になり、結果が残るようになると思っています。しかし高齢期になり、体力の衰えを思うと、世代の異なる方々と一緒にアウトドアを楽しめるようにするには、いささかの工夫が必要かと思っています。

テニスについて

テニスは、ダッシュなどの瞬発力と中距離走を走り抜く持久力を要するスポーツで、筋力などの基礎的な体力が求められ

ます。そのため、加齢などで基礎体力が落ちてくると、ラケットをコントロールする上肢だけでなく、アキレス腱の断絶や足関節の捻挫、膝の障害など、思わぬ下肢のけがにもつながりやすくなります。瞬発力と持久力を必要とするテニスでは、プレー前からの水分・エネルギー補給が必須です。運動を始める30分前から、ナトリウムなどの電解質を含んだ飲料とともに、BCAA（Branched Chain Amino Acid、分岐鎖アミノ酸とは、バリン、ロイシン、イソロイシンの３つのアミノ酸総称です。この３つのアミノ酸はヒトが体内で作ることが出来ない必須アミノ酸と呼ばれています）などの必須アミノ酸を忘れずに補給しましょう。テニスは時間制限がないスポーツです。ゲームカウントが拮抗すれば、おのずと競技時間が長くなる上、集中力を求められる精神的にも肉体的にも過酷な種目といえます。パフォーマンスは脱水に比例して低下すると言われています。コートチェンジの際や休憩時には電解質を含む飲料で、素早く水分をチャージするとともに、アミノ酸を忘れずに補給し、コンディションをキープするようにしましょう。週末にテニスをする人ならば、週に１〜２回はジョギングやランニング、筋トレなどで基礎体力と全身の筋力の向上を図るように心がけましょう。年齢を重ねてもテニスを安全に続けるには、日頃のトレーニングが欠かせません。

学生時代からテニスを続けているが、上達したという感覚があったのはやはり60代になって時間の余裕ができてからと思っている。プレイする仲間が増え、プレイする日数が増え、負けを回想して対策を考える機会が増えたなどが理由かと思っている。体もまだまだ元気で、体を動かすのが好きなので次回のプ

レイが楽しみでした。それが70代に入ると、ここまでやったからいいのだ、の気持ちが出てきて、プレイについてはパートナーに遠慮して、なるべく任せるようになり、得意なプレイを優先する結果、相手に深読みされることが多くなっている。されど気持は強いのだがミスが多いのは準備不足があり、運が悪かったことにしている。体力が落ちているのは承知しているのだが、ここでもたまたま巡りあわせが悪かったと思い、根本原因があるのを承知していてもテクニックの向上は体によくないと決めつけている。ただ、まだまだ精神修行が足りないことにはいつも思いを馳せている。しかし上述したように高齢者のテニスは意地だけでは体力の衰えは補えるものではないので、健康を保つ意味でも上手にサプリを使い、日頃のトレーニングが欠かせないようです。

登山について

山頂を目指す登山や、山頂にはこだわらずゆっくりと山歩きをするトレッキングは、全身を使ってゆっくりと、長時間かけて歩くため、想像以上にエネルギーや水分を消費するハードなアウトドアスポーツです。この点をしっかりと理解し、十分な装備とともに身体のコンディションもきちんと整えて臨む心構えが必要です。安全・快適なトレッキングや登山を行うには、まずは基本装備を怠らないことが重要です。靴ずれを起こさないよう新しいトレッキングブーツにはあらかじめ慣れておくなど、使い慣れた装備を準備することが必要です。帽子や長袖といった紫外線対策も忘れないようにしましょう。天候の急変に対応するため、エスケープルートの確保や予備の食料や衣類を準備しましょう。歩き方が身体の負担や疲労を左右するポイ

ントだと言われています。足の裏を均等に踏みつけるように歩き、とくに下りではかかとから接地するようゆっくり歩くようにします。転倒予防や膝・足首への負担を和らげるためにはストックを準備しましょう。登りは短め、下りは長めに調節するのがポイントです。登山では小さなアクシデントが思わぬ事故につながります。そうした事態を避けるためにも、単独ではなくグループで出かけましょう。少しでも危険を感じたり、同行者の異変に気づいたら、すぐに計画を見直し、引き返す決断を下すことも必要です。

敢えて繰り返すことになるが70代になると登山も遠のいてくるようだ。若い頃の登山とは登る山を決めたら、計画を作り仲間を募って、それを何としても成し遂げ山頂を目指したものでした。天候は不順ですが、敢えて気にせず登頂数を増やすことを優先し、登頂した喜びを人生の糧としたものでした。それが高齢期になると登り方も変ってくるようです。まずはたいていの山に足跡を残していることもあるが、新しき峰を目指す登山はせず、昔に登った峰だけを思い出に浸りながら登り、天候が悪ければすぐに計画を断念し、山頂まで行きつきそうもなければ、途中で引き返します。そのような状況だから登山回数は遠のくのですが、昔の記憶からして山屋であると主張する。このような気まぐれな登山だから危険とは承知していても、豊富な経験があるから安全は十分に配慮されているとして、いつも単独行になっている。このような登り方はトレッキングであると承知しており、単独行ならばそろそろ引退すべきとも思っている。

ナイスシニアのすすめ

ロングトレイル

ロングトレイルは何となく長距離を歩くことだろうぐらいは想像できますが、アウトドアの裾野が広がっているようです。登山道、林道、ハイキング道、古道、自然散策路、あぜ道、車道など合わせた長い道を、時には宿泊しながら、その土地の自然、文化、歴史に触れながら歩きます。登山のように頂上を目指して登ったり、登山・下山のように同じ道を通るものではなく、ワンウェイで長距離自然歩道を歩きます。それではどのくらい歩くかというと、海外では1000km、3500km、4000kmといったコースがあるようですが、日本では数10kmから200kmほどで気軽に楽しめるコースが多いようです。一応の定義を紐解いてみると、登山は山の頂上を目指します。トレッキングは山歩きのことですが、特に山頂を目指さない。ハイキングは山に関わらず、自然の中を軽装で歩くことです。こうしてみるとハイキングは、ロングトレイル、登山、トレッキングを包括する言葉のようですが、ただ気軽に軽装でのイメージがしますが、ロングトレイルには、それなりの装備と事前の計画が必要なようです。

バックカントリースキー

バックカントリースキーは登山、ハイキングの延長ですが、天候判断が難しく、危険もありますが雪山の景観が楽しめます。通常はスキーリフトの頂上口付近から登り始め、登りは雪山のラッセルになりますが、下りは深雪をソリーランしながら滑り降ります。最近はゲレンデから入ったバックカントリースキーヤーの遭難事故が多くなっています。山屋の経験のない人が、ゲレンデスキーの延長と思って出かけるケースが多いようです

シニアの楽しみ

が、バックカントリースキーにはそれなりの準備が必要です。
できれば経験のあるガイドと同伴するのが良いでしょう。

ナイスシニアのすすめ

アンチエイジング
身延山　しだれ桜

高齢者に未来はあるのか。
いろいろな人とお付き合いさせていただくと、それが様々に条件と状態と個性によって変わっているようです。目的を持っている方と持とうとしている方、あまり考えようとしない方により異なっているようです。何故生きるのかを考えている人は多くないようであり、あるいは考えまいとしているのかもしれない。まして今日は何をして、何を成果と意味づけして、何故それが課題なのかと考えている人はあまり多くは無いようです。高齢者といえども考える権利はあるはずなので個人内部に包含せずに発散させれば良いのにと思うのですが、現代社会においては簡単ではないようです。

高齢者は何処までが未来と考えるべきなのか。何時に体調不良が発生するかは分からない。しかし統計的にみて、体力は衰えてきている、気力も己の人生に満足したかに係らず近いうちに

終りが近いことを認識しているので元気が出ない。意識があって亡くなる人は体力の衰えで生きるのが嫌になった、病気により生きられなくなった、孤独な生活に飽きてきてやることが無くなった、等々あるようだ。

やはり70歳は節目の年なのか、足腰が弱ってきている感覚がある、老眼も最近になって進んできたような気もしている。過去の行動履歴を10年リストにしているが、これで結構華やいでいるような気もしている。これからの10年というと、こうは行くまいと思っている、よほど心してかからねばならないだろう。更なる10年はもっと難しいだろう。果てしない戦いのような気もするが全て自分との闘いなので、何か成果を出して行くしかあるまい。10代の少年のころは時間が過ぎて体が成長するのを意識しないが、何となく楽しみがあったような気がしている。それが古希になると体が委縮するのに、先々恐々としながら体調に気を使っている。これからの10年はアンチエイジングに心掛けて過ごすことになるだろう。

アンチエイジング医学
アンチエイジング（抗加齢）のために大切なのは、心と身体が年齢相応の健康を維持していることです。そのためにはストレスのケア、バランスのとれた食事、毎日の運動が欠かせません。ただこれらは、取り組みを始めることや、その継続に困難を感じることがあります。見えない部分（身体の内部）に予防医学としてその考え方を活かしていこうという動きが、医療の分野に生まれてきています。これを「アンチエイジング医学」とよぶ専門家もいます。

ナイスシニアのすすめ

動脈硬化と関係のある血管年齢を例にあげると、まず脈派（大動脈に起こる圧力の変化を波形にとらえたもの）が血管を伝わる速度によって、血管の硬さ・詰まり具合を測定し、血管年齢を調べます。この数値を標準とされる数値と比較して、動脈硬化の程度を探ります。ストレスのケア、食事指導、運動指導、さらにはサプリメント療法、薬物療法などによって動脈硬化の危険要因を改善していきます。そして、より危険性が高いと判断されるケースでは、その段階で治療に移ることも可能になるので、病気の重篤化を未然に防ぐこともできるようになるでしょう。

こうした試みは、血管年齢以外にも、骨年齢、脳・神経年齢、筋肉・体脂肪量、酸化ストレスと抗酸化力、ホルモン濃度などでも行なわれています。これらは、骨粗しょう症や認知症、生活習慣病対策などに、大きく貢献することが期待されています。今まで見えない形で進行していった加齢がこのように「見える形」になることは、アンチエイジングを始めるきっかけにもなり、心身ともに年齢相応の健康状態を維持していくための原動力ともなるでしょう。

凡人のアンチエイジングはさして難しくはないようです。目的を持つこと、食べること、運動すること、ストレスを感じないことに心掛ければ良いだけです。目標があることとストレスを感じないことは同じかもしれない、ようするに精神的健康が重要であるようです。他の見方をすれば、
1、肉体的健康　2、心理的な健康　3、社会的な健康
これについてはアンチエイジングとは言わず健康寿命の延伸と表現しているようです。

48

シニアの楽しみ

老人の性
南伊豆　はやざき桜

人間の性行動には特徴的な3つの要素があるという。
1つは生殖のための性であり、赤ちゃんを作るため、子孫繁栄のための性であり、老境に在るものは盛りを過ぎている。もう一つは連帯の性、即ち家族生活あるいは夫婦だけの生活であって心の絆（communication）としての性である。3つ目は快楽の性であり性の歓びのことであり、人間だけが持っているのではないかと言われています。

現代の生活では男女差はなくてはなりません。誕生後に、意外と小さい頃から男らしく、あるいは女らしく振る舞うようになり、性別意識を持つようになります。成長するにつれて社会的文化的な影響が加わり、いっそう性別を意識した行動をするようになります。男性は一般的に思春期に快楽の性に目覚め、結婚して生殖の性を経験して、やがて連帯の性が主要な生活の要素となり、子離れとともに老化が始まり性とは疎遠になるのが一般的であるようです。このように俯瞰してみると性別意識が

ナイスシニアのすすめ

あるから思考的にも肉体的についても人生の時間の多くを費やして、人生に輝きをもたらしているともいえます。別の見方をすれば老化が始まる年齢になっても若い頃よりの生活の本音は変えるべきものではないし、性別意識は人生の楽しみとして維持しておきたいものです。

老化が進むと連帯の性は諦める人が多いようですが、体のさまざまな機能や障害との関係を探ったところ、個人の性管理は体に良いようです。性行為を多くしている人の方が長寿であったり、心筋梗塞や血管障害になりづらかったり、心も健康に保たれ、うつや統合失調症になりにくく、肥満、ホルモンも性機能の改善により良い方向に保たれるといった研究報告もあるようです。男女ともに老年期になっても性欲は枯れないと言われていますが、男性が求める性と女性が求める性とでは開きがあるようになります。具体的には、男性は若い頃からの習慣で何らかの性行為を求めるのに対して女性に精神的なつながりを求めるようなので、相手の立場を理解して愛情をもって接し、お互いの加齢による生理的変化に配慮する必要があるようです。

老化が進む肉体については、どうしてもドライオーガズムについて理解しなければならないようです。性の老化については、若い人ならともかく歳をとってから触れるべきではない禁断の事柄ではないかというためらいもあるだろう。確かにあまり人に語るべき事柄ではないだろうが、長年の経験から老人にも性生活が必要であると思っています。性を楽しむには、老化が進んでいる肉体を如何にドライオーガズムに導くかが修行になります。これで老後の人生においては性の楽しみが生活の中にと

りいれられなかったら、どれほど無味乾燥な老後になったかと思うと、元気で過ごし肉体を保つことが精神高揚にもなり残る人生にやる気を引き出していると思っています。

孤独の性を嗜むにはいくつかの方法があるようです。
インドのヨーガに発するタントラ
中国の道教に発する房中術
仙人にまつわる回想術
いずれもその域に達するまでの修行は困難を極めるようですが、性気を体の中に循環し、体調を極めることによりやがて、いつか法悦に包まれ五感の感じるままに時間が過ぎる楽しみを味わえるようです。

性を楽しむには相当量のエネルギーが必要になります。体を動かすだけでなく、気持ちよさを感じるにもエネルギーが必要になり、エネルギーがスムーズに流れる状態を作らねばなりません。おすすめは呼吸法、即ち深呼吸です。深い呼吸とは腹式呼吸のことですが、これができる人は何か運動をしているようです。体を動かしている腹式呼吸は健康維持に良いので毎日の習慣としてお進めです。それと、もうひとつおすすめしたいのが瞑想です。瞑想は心を落ち着かせ、感情やエネルギーの流れをよくするのに大変役立つようです。瞑想の方法にはヨーガとか座禅、マインドフルネスとかいろいろあるようですが、いずれの方法であってもいいでしょう。いずれであっても腹式呼吸＋瞑想で体調を維持して老境の性を楽しみたいものです。

よしなしごと

ナイスシニアのすすめ

日本語はむずかしい
あんずの花

2017年に話題になった言葉に忖度（そんたく）がある。辞書で引くと「他人の気持ちをおしはかること、推察」とある。さぞかし英語通訳は困っただろうが何通りかの言い方で正確にいい当てていました。「conjecture（推測）」「surmise（推測する）」「reading between the lines（行間を読む）」「reading what someone is implying（誰かが暗示していることを汲み取る）」などだが、英語で「忖度」を直接言い換える言葉はないようです。類語では何というかと調べたらいくつかあるようです。不完全な証拠から結論される構造に関する「推測」、不完全な証拠に基づく意見を表す「当てずっぽう」、特に不確かであるか仮の根拠で「見なす」などで、日本でも直接類似する言葉はないようです。

スキー宿でスキー仲間同士の女性関係について話してしていたら、そのように忖度しているより、懇ろの仲であるとか、検証された仲であるとか言った方が良いのではないかと言ったら、

よしなしごと

その方が分かり易いと、すっかり盛り上がったことがあるが、日本語というのは漢語であるのだが使い慣れない言葉には混乱するようです。

油断という用語がある。

辞書で引くと「気をゆるして注意しないこと、不注意」とある。調べてみると仏教の経典「涅槃経」のなかに、「ある王様が一人の家臣に油の入った鉢を持たせ『一滴でもこぼしたらお前の命を絶つぞ』と申しつけてうしろに刀を抜いた監視人を置いた。そこで家臣は細心の注意をはらって鉢をささげていた」という説があります。他に「寛（ゆた）に」の変化した語という説もあります。四国のある地方では、今でも「ごゆっくりなさい」というところを「ごゆだんなさいませ」というそうです。他にも比叡山の不滅の法灯は、天台宗を開いた最澄の生き仏のあかしとして1200年以上にわたって途絶えることなくは後の世まで永遠に照らして欲しいとの願いが込められて灯っている。この不滅の法灯を消さないように、毎日、菜種油を注ぎ足している僧侶達の緊張感を思うと理解しやすいし、「油断大敵」の語源ともされている。他にも油断大敵については、戦国時代にあっては油は部屋の明かりとして火を点す燃料としてとても大切に扱われており、「油」を「断つ」と、敵が攻めて来ても暗くて何にも見えない、この状態って、もしかすると、攻めてきた敵よりももっと危険なので油断大敵と戒めたという話もありますが、明らかに俗説でしょう。

ナイスシニアの語源について説明しておかねばならい。

はっきり言って全くの造語である。ナイスは現代英語のniceで

あり、英和辞典によると言葉の起こりは「知らない」という意味のラテン語から来ており、「無知な、愚かな」な意味に変わり、無知な人はあまりしゃべらないことから「内気な」の意味になり、内気な人はすましているように見えるので「微妙な区別、判断できるに」の意味になり、このようなことが出来るのは好ましいと考えられ、現代の「素敵な、親切な、素敵な、楽しい」を表現するようになっている。シニアについては現代では年配の方に対して「高齢者」、「お年寄り」という意味で使われています。シニア世代やシニアプランなど、日常生活に溶け込んでいますが、国語辞典では、「上級者、年長者、先輩、ベテラン」などを意味しています。かつては「シルバー」と言い方が使われていたようですが、シルバーシートが優先席と言う名称になり、白髪とか加齢臭とからネガティブイメージになったことから死語になったようです。シニアと呼ばれる前の世代は、「ミドル」と言う言い方で区別されています。ミドルは、40代から50代を指すと言われています。ナイスミドルと言う言葉での使用が一般的と言われますが、ナイスミドルと言われるにふさわしい人でないと、ミドルとは使われていないようで、ミドルだけでは、まったく浸透していない言葉と言えます。このような経緯からするとこれからはシニアでなくナイスシニアが浸透すべきと想っている次第です。

日本語は難しいとナイスシニアの世代になってみると感じている。
ワープロで日本語を打ち込んでいるが、随分気をつけたつもりであっても翻訳にミスが多く、決して文章作成能力は上がっていないようだ。ワープロのミス、自分では認識しがたいミスと

よしなしごと

理由はいろいろあるようだが、日本語をもう一度勉強し直した方が良いようだ。

文化庁が毎年行っている、国語に関する世論調査でも本来の言葉の使い方が変わってきていているが、慣用に使われている言葉の方が、本来の使い方より多くなっているようです。だからと言って本来の使い方にしなさいと言っているわけではなく、調査結果ですから現状を理解してくださいということでしょう。以下の例では右側が本来の表現とされています。

間が持たない	→	間が持てない
足元をすくわれる	→	足をすくわれる
声をあらげる	→	声をあららげる
采配を振るう	→	采配をふる
新規巻きなおし	→	新規蒔き直し
怒り心頭に達する	→	怒り心頭に発する
押しも押されぬ	→	押しも押されもせぬ
熱にうなされる	→	熱に浮かされる
目鼻が利く	→	目端が利く

世界でもユニークな日本の文化としてのあいまい言葉は、外国の人々にとって興味深く感じるものが多いようです。どうも、よろしくお願いします、あいかわらずですよ、などを日本人は挨拶として使っていて、それほどの意味を持たせていないと思っているが、米国などではその都度に合わせてケース分けして英訳して理解しているようで「英語では表現しにくい便利な日本語」として紹介されています。

ナイスシニアのすすめ

「どうも」（英訳：Hello, Thanks）
挨拶と、軽い謝礼の言葉として使っているが、組み合わせて「どうも、こんにちは」という使い方もできる。また誰かの家に招かれた際、「どうも！」と言うだけで、挨拶と、招待への感謝を同時に表現している。しかし細かく区分けすると幾つかの使い方が示されるので、気楽なあいさつや、気楽に謝意を表すときに用いる言葉とも言い切れない。
・なかなか満足できない気持ちを表す。「何度やってもどうもうまくいかない」
・はっきりわからない気持ちを表す。「どうも調子がおかしい」
・漠然と推測する気持ちを表す。「明日はどうも雨になりそうだ」

「よろしくお願いします」（英訳：I hope things go well）
「お願いします」だけなら何かを丁寧に依頼している意味だが、「よろしく」がつくと、それは「好意的に」「良いように」という意味になり、英語では「何を良いように？」と困惑する言葉のようです。日本語では具体的に何かを示しているわけではなく、仕事上の関係でたまたま知り合った二人が、今後も良い関係を築いていけることを望んでいるという挨拶言葉にすぎない。しかし細かく区分けすると幾つかの使い方が示されるので、気楽なあいさつや、気楽に謝意を表すときに用いる言葉とも言い切れないようです。
・「はじめまして」のよろしくお願いします
・別れ際の「今後とも」のよろしくお願いします
・お願いごとをするときのよろしくお願いします

・お願いごとを聞いてくれた後のよろしくお願いします
・メールの文末のよろしくお願いします

「相変わらずですよ」（英訳：As usual）
この言葉には、「今までと変わったようすが見られないさま」
や「以前と変わらずに」、「これまでと同じように」などの意
味があります。そのため、日常生活のうえでは久々にあった友
人や知人などにたいして使うことが多い言葉だと言えるのでは
ないでしょうか。日常会話で使う分に関しては、そのあとに続
く言葉によってポジティブな言葉かネガティブな言葉になるの
か変わるため、「相変わらずですよ」だけの挨拶言葉だけで
は、物足りない印象が残りますが、切羽詰まった場合の挨拶言
葉として使用されているようです。

最近の企業においてはダイバーシティ経営という言葉が使われ
ています。
ダイバーシティ（英訳：Diversity）とは、直訳すれば「多様
性」となり、性別、人種、国籍、宗教、年齢、学歴、職歴など
多様さを活かし、企業の競争力に繋げる経営上の取組のことを
指します。元々はアメリカで始まったダイバーシティ経営では
女性やマイノリティの積極的な採用や、差別のない処遇を実現
するために広がった取組です。
日本においては、人種、宗教等の多様性ではなく、性別や、ワ
ークスタイル、障害者採用などで使われることが多い傾向があ
りますが、価値観の違いにとらわれず多様な人材を受け入れ・
生かすことで、斬新なアイデアが生まれたり、様々な流行への
対応など社会の生産性の向上や多様なニーズへの対応が期待さ

ナイスシニアのすすめ

れています。また企業においては働き方や働く場所・雇用形態
も含まれ、育児や介護の為に在宅勤務制度やフレックスタイム
制度の導入があげられます。

ダイバーシティは1960年代のアメリカにおいて、人種差別・性
別格差をなくし雇用の均等化を行うことが義務付けられまし
た。元々はマイノリティや女性の積極的な採用、差別ない処遇
を意図して使われていたのです。しかし差別は根強く、訴訟か
ら賠償金支払いが生じることもあり、訴訟を避けるため、いわ
ゆるリスクマネジメントの為にダイバーシティが広まったのが
始まりだそうです。1990年代になるとダイバーシティが進み、
事業の発展や経営において成果が出るなどダイバーシティの考
え方はより浸透していきました。日本においては2004年頃から
人事政策の一つとして理解され始め、主に女性活用に力を入れ
る企業が増え始めています。

寺社巡り
蓮華躑躅

最近4月の初めは桜巡りをしています。
東京というところは本当に桜の多いところです。普通は地方の桜の方がツアーで行くときは名跡で通っているが、良く調べて桜見物をしようと思ってみると皇居周辺からして桜の絶えることのない街並みが続いているのが東京です。関東を流れて東京湾にそそぐ川沿いには桜が植えられている、江戸時代からの大名屋敷跡の歴史ある公園には桜がある、明治の頃からの多くの寺社領跡は恩賜公園になっていて桜に満たされている。こんなことで東京が春先は桜に覆われていると分かったのは最近ですが、歴史のある桜咲く寺社が多いと分かったのも最近の事です。歳を経たのでそのようなことに思いが及んだという訳でもあるまいが、それではということで寺社巡りをしてみることにしました。

寺社を見学して歩くとして、漫然と訪問しても趣がないので順

序だてることを考えてみました。多くの寺は江戸時代までに建立され現在に至っているようだが、全国では約7万の寺があるという、住職のいない寺もあるので、それを除いても約6万はあるようだ。全国のコンビニの数が約4万店と言われているから、何故このように寺社が多いのかを調べてみたが、分類には以下のような系統があるようです。

・寺格

寺格とは寺院の宗教的地位、社会的地位が当時の朝廷・幕府により認められた格式であり、また各教団ごとに定められた寺院の格式でもある。江戸時代には本山―末寺の寺格制度が導入され、各宗派の本山を通じて仏教界全体を統制した。明治維新以後の政教分離により、国家による認定がなくなりましたが、各教団ごとに大本山―本山―別格本山―末寺といった寺院等級や日蓮宗のように霊跡寺院・由緒寺院といった寺格制度が残っています。

・檀家

寺院が檀家の葬祭供養を独裁的に執り行うことを条件に結ばれたのが檀家制度です。回向寺ともいうようです。はるか飛鳥時代では氏族が檀越（だんおつ）となって寺院を建立し、仏教・諸宗派を保護しました。やがて時代が下ると寺院は所領を持つようになり、荘園領主的な側面を持つようになり収入源は布施から荘園収入に変わり、政治的権力・権威を持つようになり檀越に依存しない寺門経営が行われるようになります。しかし応仁の乱以降は荘園制度が崩壊し、新しく登場した宗派は一般民衆を対象とした葬祭関係の比重が増してゆき、祖先崇拝や家という概念と結びつき檀家が形成されるようになります。江戸時代になると幕府はキリスト教禁止令をだし、キリスト教徒でな

よしなしごと

いという証として一般民衆に寺受が行われるようになりました。寺受制度とは全ての住民が特定の寺院に所属して檀家になり、寺院の住職は檀家であるという寺受証文を発行したのです。寺受証文がないと社会的権利を一切受けられなくなることかから、この制度の根幹となった「末寺」の権限は強化されました。すなわち檀家になるということは経済的支援を強いられるということであり、寺院新築改築、講金、本山上納金、常時の参詣、命日法要、盆彼岸の墓参り等の義務を課したのです。一方で家、祖先崇拝の側面が先鋭化され、本来の仏教の教えは形骸化され、葬式仏教へと変革してゆくことになります。明治維新以後の1871年に寺受制度は廃止されますが檀家制度は寺院に先祖の墓があることから存続しており、家人の葬儀や先祖の供養といった葬式仏教に特化されているようです。

・祈祷寺

江戸時代には先祖の墓があり、先祖の供養を行った回向寺とは別に、無病息災、家内安全、商売繁盛などの個人利益を願う祈祷寺がありました。祈祷寺では定期的な開帳を行い、縁日を行うことで布施を集めるようにしています。江戸時代では。民衆は回向寺で先祖の追善供養を行い家の加護を願い、祈祷寺で自身の現世利益を願ったことになります。庶民は寺受制度で厳格に管理されながら２つの寺院に出入りしていたことになります。

たとえば徳川家の回向寺は浄土宗の増上寺ですが、祈祷寺は当時天台宗だった浅草寺でした。

このように考察してみると、寺巡りをするに当たっては、
その寺院の寺格がどの宗派で、本山―末寺なのか、そして本尊

ナイスシニアのすすめ

とその歴史を理解しておく必要がありそうです。さらにはその
寺院が祈祷寺か、回向寺かを知って建立された経緯と開山の僧
侶を知っている必要もありそうです。

松平西福寺

台東区蔵前４丁目に建つ浄土宗の小さな寺院です。慶長13年徳
川２代将軍秀忠により駿河台に創建され、寛永15年現在の場所
に移転したそうです。現在の本堂は平成４年に再建された近代
的な建物です。墓地には江戸時代の浮世絵師・勝川春章のお墓
があります。お寺のホームページによると、

「当寺は、東光山良雲院松平西福寺と称し、開基は、天正二年
徳川家康公によるものであります。開山上人は、時に永禄三年
徳川家康公が今川義元の人質になっていた十九歳の時、桶狭間
の戦いで義元が織田信長の急襲で滅ぼされ、家康も敗戦の難を
菩提寺の大樹寺に逃れ、時はこれまでと先祖の墓前にて切腹し
ょうとした時、大樹寺の住持登誉上人と了伝和尚に戒められ自
害を留めたと言われています。以後了伝和尚は、家康公にお付
きし、信頼いよいよ厚く家康公は、天正二年静岡市に了伝和尚
の為に一寺を建立し西福寺と号し上人を迎えました。当時の西
福寺は、300石を受け住職は大名待遇を成されていたと言わ
れております。後に家康公の命を受け慶長十三年二代将軍秀忠
公が江戸駿河台に松平西福寺を創建し、次いで寛永十五年現在
の地に移りました。当時は境内地が約七千坪有り、西福寺の末
寺として七ケ寺の別院、別寺があると共に学寮などが有りまし
た。大正年間に入り東京市都市計画により境内も今の如く狭く
なり、また関東大震災及び大東亜戦争と二度の災禍に見舞われ

本堂、庫裡他、悉く焼失しましたが、平成四年に新本堂が建立され現在に至っております」

即ち、我が祖先の檀家寺です。我が祖先は信濃の佐久の郷から東京に出てきて家計を養いましたが、佐久を引き払ったので、浅草の由緒あるお寺の檀家になれたと大変喜んだと聞いています。また新本堂建設の折には檀家に多額の布施を求められ、協力したとも聞いています。

築地本願寺

中央区築地三丁目にある浄土真宗本願寺派の寺院です。京都にある西本願寺の直轄寺院です。2017年に創建400年の節目を迎え、開かれたお寺という新たなスタイルを目指し、2017年秋にカフェやブックストア、オフィシャルショップを併設したインフォメーションセンターが開設されました。

お寺のホームページによると、

「1617（元和3）年、第12代宗主准如上人によって、浅草横山町に坊舎が建立されました。1625（寛永2）年、本願寺の別院として江戸幕府から公認されました。しかし、1657（明暦3）年、「明暦の大火」と呼ばれる大火事で坊舎を焼失してしまいました。幕府の区画整理のため、もとの場所への再建がかなわず、替え地として用意されたのが、八丁堀の海上でした。佃島の門徒が中心になり、本堂再建のために海を埋め立てて土地を築きました。それが「築地」という地名の由来となっています。1923（大正12）年、関東大震災にともなう火災により再び本堂を焼失しました。現在の本堂は1934（昭和9）年に再建されたもので、インドの古代仏教建築を模した外

観を特徴としながらも、内部は伝統的な真宗寺院の造りとなっています。

和田堀廟所；大正12（1923）年9月1日の関東大震災によって、築地本願寺は本堂が類焼するなどの被害を受けました。そのため、築地本願寺境内にあった多数の墓地を移転する必要にせまられ、当時豊多摩郡和田堀の大蔵省管轄陸軍省火薬庫跡約1万2千坪の払い下げをうけ、昭和9（1934）年の冬には、築地本願寺の仮本堂を移築し、ここに和田堀廟所が建立されました」

即ち、築地本願寺は祈祷寺であってお墓は無いはずなのですが、昨今の経済事情により納骨堂と合同墓が開設されています。合同墓とは管理費はかからず、生前の名前のみが礼拝堂外の回廊に刻銘されるそうです。

深大寺

深大寺は奈良時代に創建された古刹で、浅草の浅草寺に並び地域に密着したご利益のあるお寺とされています。深大寺の隣には神代植物公園があります。

お寺のホームページによると、

「天台宗寺院の深大寺は、浮岳山昌楽院と号します。733年に堂宇を建立、750年に深沙大王像を安置して創建したと伝えられます。江戸時代には寺領50石の御朱印状を拝領、現在天台宗の別格本山に列格、多摩川三十三ケ所観音霊場客番札所、調布七福神の毘沙門天です」

深大寺の隣には神代植物公園があるのですが、同じ「じんだ

い」で当て字が違うのは何故か、不思議でした。確かに深大寺は古刹ですので江戸時代では、この調布の周辺は深大寺村と呼ばれていました。その後、明治22年の町村制の施行に伴い、深大寺村、その他の各村が合併して神奈川県北多摩郡神代村になりました。その後、調布飛行場周辺を東京都が買収して防空緑地としました。防空緑地とは空襲被害が発生した時に避難場所、延焼を防ぐ目的のものでした。その後、太平洋戦争終結後、農地解放で約３／４は農地に返上され、残りの土地に神代植物園が開園して、昭和30年に神代村は調布市と合併しましたので、神代町は廃止されています。従って神代植物公園と深大寺は、まったく関係がなく、昔の地名が残ったのでした。

ナイスシニアのすすめ

政治と宗教
水芭蕉

知の巨人とされるダイアモンド博士によると、宗教は何故あるかとの問に対して、以下の4点が回答されています。
1、天変地異が相続く世代に在っては、不安を和らげてくれるのが宗教であった。
2、不幸にして悲惨な境遇にあった時代では、慰めてくれるのが宗教であった。
3、統治のために、支配者が人々を服従させる根拠としたのが宗教であった。
4、戦争の正当化、即ち宗教の違いが戦争の原因になった。

このように概観すると先端科学が優先し、民主化が進んだ現代社会にあっては、宗教はあってはならないもののように思われる。古からのしきたりからか、先祖からの伝導かは分からぬが生活習慣病のように現代社会にも引き継がれているのが宗教であるようだ。日本には仏教があり、神教があり、外来のキリス

ト教がありで、宗教の自由の国であるが少なくとも支配者が統治のための根拠としている形跡はない。さらに現代社会では人々の不安を和らげる、人々を慰めるための効果的手段になっているとも思えない。平成の時代になって戦禍がない平和な日本においては宗教が政治に影響を与えた形跡はない。だからと言って宗教の信者がいる訳ですので、その思想の顛末について調べてみることにした。

世界遺産に登録されている日光の社寺を見学に行ったら、神さまである東照大権現を祀る東照宮とご神体である日光三山の本地仏として千手観音（男体山）、阿弥陀如来（女峰山）、馬頭観音（太郎山）の３体の本尊を祀られている輪王寺とは、更に日光の自然を祀る二荒神社が自然遺産である建築物の所管が複雑になっている。奈良時代から始まっている日本文化である神仏習合では家康を神として祀るには輪王寺境内であっても良かったわけです。仏教が伝来した奈良時代から明治元年までのおよそ1000年間は神仏が習合されていたのです。つまり、神と仏は同居するのが普通だったようです。

しかし、明治初期になり、日本人の霊性は仏教という異国の宗教によって穢され、歪められたと考え、神仏習合は仏教によって神道が穢された状態であるとして、神道を仏教伝来以前の姿に戻すべしとした「復古神道」が唱えられました。それまでは古典文学研究にすぎなかった国学では、外国は穢らわしい、獣のように穢れた異国人が、神国日本の地を踏み荒らすなどあってはならないと考え、開国に反対し、攘夷の実行を幕府に迫ったのでした。

この攘夷運動が、やがて討幕運動になり、幕府が倒れて明治維

新が成立したわけです。明治政府は近代化・西洋化政策をとっていきますが、かって思想的に指導した国学者も維新の功労者には違いありませんから、明治政府は、国学者たちをじっさいの政治とはあまり関係のない神祇官として政府に登用しました。神祇官とは、宗教政策を担当する部署です。神祇官となり、一定の権力を得たこの国学者たちが、復古神道の掛け声の下にやったのが神仏分離令でした。明治政府は、神仏分離令により、神社と寺院を分離してそれぞれ独立させ、神社に奉仕していた僧侶には還俗を命じたほか、神道の神に仏具を供えることや、「御神体」を仏像とすることも禁じました。これによって、無数の文化財が破壊され、まさに日本史上最悪の文化破壊となりました。

護国寺

文京区ツアーでは護国寺に行ってみました。天和元年（1681）、五代将軍徳川綱吉が、その生母、桂昌院の発願により、桂昌院念持仏の天然琥珀如意輪観世音菩薩像を本尊とし、号を神齢山悉地院護国寺と称し、寺領三百石を賜ったことに始まります。護国寺は徳川家の檀家寺でしたが、現在は一般に開放されており、お墓の数が多く広いのにはびっくりしました。

寛永寺

台東区ツアーでは寛永寺に行ってみました。天台宗の別格大本山のお寺です。
寛永2（1625）年に、徳川幕府の安泰と万民の平安を祈願するため、江戸城の鬼門（東北）にあたる上野の台地に、家康のブレインであったとされる天海大僧正によって建立されました。

後には第四代将軍・徳川家綱の霊廟が造営され、将軍家の菩提寺（檀家寺）になりました。寛永寺の五重塔が何故上野東照宮にあるのか不思議でした。明治初期の神仏分離政策で東照宮にあった五重塔は打ちこわしの対象になったのですが、それを避けるため神官が寛永寺に寄贈して難を逃れたそうです。その後寛永寺では管理できないことから文化財として東京都に移管されたようです。結果として東照宮とは別の敷地に公開されています。

回向院

墨田区ツアーでは、回向院に行ってみました。回向院は、明暦３年（1657年）に開かれた浄土宗の寺院です。この年、江戸には明暦の大火があり、市街の６割以上が焦土と化し、10万人以上が亡くなりました。この災害により亡くなられた人々の多くは、身元や身寄りのわからない人々でした。当時の将軍家綱は、このような無縁の人々の亡骸を手厚く葬るようにと隅田川の東岸に万人塚として墳墓を設け、無縁仏の冥福に祈りをささげる大法要を執り行い、御堂が建てられたのが回向院です。この境内には土俵が作られ、江戸時代に社会事業として寄付相撲、いわゆる勧進相撲が年２回開催されていたそうで、力塚などの石碑が立ち並んでいます。明治42年に同じ境内に国技館が建立されるまで76年間続いたそうです。

ナイスシニアのすすめ

リカレント教育

コマクサ

老人にも勉強が必要かといったことを考えてみました。
例えば老境にある方に、あなたは定年退職して年金がそろそろ貰えるようになりますが、どう多く見ても余生は30年ぐらいでしょう。これからは社会に共生して勤労していた生活から解放され、個性としての生活を始められますがどのような生き方が良いでしょうか。健康であるには、何に着目して生きていったらよいでしょうか。更なる老境での社会共生は如何にしたら良いでしょうか。このような疑問に対応するために老人や高齢者に対する社会としての保護や導入教育もあってもより良いのではないかと思ってみたことがあります。あるいは高齢者は何をして過ごすのが良いのか、ボランティアも良いだろう、子育てに忙しい若い人たちのサポートも良いだろう、キャリアを生かして社会に貢献するのも良いだろう。しかしそういった生き方にも導入教育があってもいいのではないかと思ったことがあります。多くは自分が高齢者になったからですが、なぜ高齢者が

よしなしごと

まだ生きているのかと考えたとすればまったく無意味ないこと
とは思えません。

そもそも教育とは個人が将来の備えをするためにあるもので、
人生の盛りを過ぎた方にさらに知識を提供したところで、定年
後の生活が決まっている方々には必要ないことに気が付きまし
た。生活方針が決まっているということは、高齢者になるまで
の人生経験が自主的に決めてくれることであって、どのように
すばらしいことを考えても、それを乗り越えることは出来ない
のです。ですから老境期の教育は必要ないのですが、時間を過
ごし教養としての勉強はあっても良いと思っています。何を教
養とするかは個人の選択でしょう。

高齢者の学び直しであるリカレント教育の場として政府が推奨
している放送大学（Open University of Japan）では、どのよ
うなテーマを考えているのかと思って検索してみたことがあり
ます。元気な高齢者として有益な人生の過ごし方、有益と成
果、反省と悔悟、メンタルと身体活動、etcと健康寿命に関す
るテーマが多いようでした。高齢者の学び直しとはすぐに効果
があるものを選択するようです。「高齢者の生活ガバナンスと
生きがい」、統制のとれた、理想的な生活を送れば健康寿命が
延びるものかについても考察したい。「ソーシャル・キャピタ
ル（Social capital）と地域の協調行動」が活発化することによ
る社会の効率性化と健康寿命の延伸について考えるのもいいで
しょう。

国の調査などでも、健康づくりのために行動する人と行動しな

い人が３：７の割合という結果が出ています。2000年より10年間、国は「健康日本21」という啓発活動を展開してきましたが、残念ながら、国民の行動変容にはなかなか結びつきませんでした。しかし、これらの活動により、健康に対する基礎知識としては、日本は他国と比べても明らかに高い傾向が出ています。そのため、分かっていてもできないという多数の方々を、健康づくりに導くしくみを開発することがこれからのイノベーションとして非常に重要です。筑波大学の研究によれば、日常の身体活動量が高い層はヘルスリテラシーも高いことが示されており、ヘルスリテラシーの向上は日常の身体活動量の増加にも寄与すると考えられています。

封建制や身分制社会の構造が溶解・液状化されて近代が始まり、個人の運命をあらかじめ定めている制限がなくなりました。それに続いて、コミュニティや家庭といった構造も崩壊・混沌化されているのが現代であると捉えています。このような時代では知識やスキルは急速に陳腐化するので新しい知識の獲得が必要になります。しかも生涯にわたって、人々は自己形成や人格形成を絶え間なく続けていかなければならず、いつも選択と自己決定を迫られるという。このような時代では、教育や学習は人生前半期に特有なものではなく、生涯にわたって続けなければなりません。

高齢者に関する研究や政策の重点は、如何に健康寿命を延ばすかに置かれています。寝たきりの高齢者が増えたり、退職後無為に生きながらえている状況を改善し、高齢者の生活の質（QOL: Quality of Life）を高めるように移行しています。これがサクセスフル・エイジングの概念です。高齢期の人口の大半

を占める健常者に目を向け、高齢期であっても健康で自立し社会に貢献できることに喜びを感じ、社会に参加して経済活動の一翼を担うこと、地域コミュニティにおけるサービス提供者になることが少子高齢化社会には必要なことです。更に進んで次世代社会の構築のプランニングや運営に参画することが求められます。どのような社会貢献がこれからできるかが生活ガバナンスとされています。

1950年代の米国において健康に関する施策がうまくいかなかった際に、どうしたら人々は特定の健康行動を積極的に取るようになるのかを考え、心理学の進展と相まって生まれたのが健康信念モデルでした。このモデルでは、人は、このままだと、例えば疾患になる可能性が高いと認識し、疾患がもたらす影響や治療しないと影響が重大になるとの認知し、このままではまずいと認知して、特定の行動をとる。健康状況について認知することが実際的・心理的にマイナスよりもリスクや重大性を減らす効力があり、プラスとなる行動とされています。

社会的認知理論では人間の行動を、個人的認知、環境の３つの要素からなる相互作用として説明しています。行動の結果を予測し、他者を観察することで学習し、その行動をとることが好ましい結果をもたらすと認知し、さらにその行動をとることができるという自信を認知した時に、その行動をとりやすくなる。特に自信をもって行動することができるという側面、自己効力感については健康領域では特定の行動をとりやすくなり、ストレスが低くなり、万一失敗があっても乗り越えることができるとされています。

ナイスシニアのすすめ

スポートロジー

クロユリ

「スポートロジー（Sportology）」という、新しい学問が注目されています。
スポーツや運動に携わる研究者や指導者が、それぞれの知識や経験をインテグレーションし、運動や身体活動に関する学術成果をより効果的に社会に活用することが考えられています。

スポートロジーは、運動・身体活動に関する研究と、医療・臨床医学などの多領域の研究を融合し、疾病の発症予防や治療、健康の維持・向上に役立つと期待されています。スポーツに関する研究は、体育学、スポーツ科学、健康科学など競技スポーツから健康増進にいたるまで、さまざまな基盤があります。一方で、医学からみた運動や身体活動は、内分泌・代謝性疾患や循環器疾患、整形外科領域などで研究が活発に行われ、臨床でも広く応用されています。運動や身体活動を積極的に行うこと

が、肥満や生活習慣病の予防・改善において重要であることは広く知られています。例えば、メタボリックシンドロームや肥満、糖尿病などの生活習慣病の治療・管理では、運動療法が食事療法と並び有効とされています。しかし、運動療法の有効性に関するエビデンスは十分とはいえず、特に日本人に対するエビデンスを創出する前向き介入研究点が必要とされています。スポートロジーでは、スポーツ・運動、医学、健康科学、医療、社会学、心理学など、関連するさまざまな研究領域の深化と統合がはかられています。

・体重増加や肥満の要因は、エネルギー消費量の減少。糖尿病や肥満者では、脂質代謝や食欲調節の中枢である自律神経の活性が低下していることが、さまざまな研究で確かめられています。速歩、ジョギングといった運動だけでなく、歩行や床そうじといった日常での"何気ない運動"を増やし身体活動を増やすことに着目し、約10年前に提唱されたのがニート（NEAT）です。日本でニートといえば、仕事をしていない「若者無業者」を連想しがちですが、これとは全く別物です。正式には、Non-Exercise Activities Thermogenesisの頭文字で、日本語訳では「非運動性熱産生」、つまり「運動ではない日常生活活動による消費エネルギー」を意味します。これは通勤や通学、階段昇降、掃除洗濯など日常生活場面そのもので消費するエネルギーのことを指しています。消費エネルギーは、大きく基礎代謝（約60〜70％）、NEAT（25％）、食事（10％）、運動（５％）に分けられますが、基礎代謝に次いでNEATはエネルギー消費が高いのです。2005年アメリカのサイエンス誌に「太っている人はやせている人

に比べて、1日に164分間座っている時間が長い」といった研究が発表されました。これは日々お茶碗2杯分（350キロカロリー）のカロリー消費が滞り、その分のカロリーが体内に蓄積されている計算になります。歩行に換算すると2時間程度の普通歩行（約30分で100キロカロリー）、早歩きで70分程度の運動量となり、1週間まとめると2,450キロカロリーでフルマラソンに匹敵する消費エネルギーとなるのです。日常生活での活動を増やすことが、糖尿病やメタボリックシンドロームの発症防止に大きな役割を果たすようです。

・小児期からのスポーツ参加は、子供のさまざまな肉体・神経機能のみならず、精神や個性、協調性を育み、統合していく役割をはたします。小児期から青年期のスポーツ参加では、どの年齢にどのレベルのスポーツ競技を取り入れていくべきかを詳細に調べることも必要です。

・肥満の要因は不健康な食事と、運動・身体活動の不足であり、糖尿病の発症予防でも身体活動の増加が果たす役割は大きくなっています。世界的に肥満や糖尿病が増加している要因として、現代人が運動不足に陥っているだけでなく、日常での身体活動が不足していることが着目されています。電話するとき、メールするとき、読書、休憩、会議なども立って行い、座ったまま過ごす時間をなるべく減らす新しいライフスタイルが必要とされています。

・日本を含め、全世界的に高齢化社会が進展しており、筋萎縮が課題となっています。筋萎縮の原因のひとつに、筋肉を使用しないでいると起こる「廃用性筋萎縮」があります。活性酸素は、生体内の蛋白質やDNAを酸化することで筋萎縮や他の老化プロセスにかかわる物質だが、ミトコンドリアが発

生源であることが最近の研究で突き止められました。人工呼吸器を使用すると、横隔膜の萎縮を引き起こされ、呼吸不全を起こす患者がいるが、事前に運動を行っていると萎縮の割合が低下することから、運動は日常の健康維持だけでなく、手術後の経過を良好にするためにも有効であると示されています。

・脳は環境に作用する行動を発現するためにあるが、無限の正確さをもちえないので、不正確さを補うため事前知識を採用し、あらかじめ「予測」する働きがある。例えば、テニスのショットがどこに来るかを予測するとき、相手が上手であればライン際に打ってくることを計算に入れ、見た目の球筋よりもラインよりにラケットを振る。また、最適な行動をするには、自身の行動を予測できなければならない。脳はこのような機能が発達しているという。脳の行動制御システムが最適な行動を作り上げるメカニズムは注目されており、運動生理学からの解明もスポートロジーの重要なテーマであることが示されています。

ナイスシニアのすすめ

植物は不死になりうる

ザゼンソウ

植物から一部の組織を切りだして、成長を調整するホルモンを使って培養すると、ほとんどの細胞が増殖して細胞のかたまり（カルス）ができる。このかたまりにホルモンと養分を与えると、ふたたび完全な個体が出来上がる。すなわち植物のクローン（無性生殖的に増殖し、それと全く等しい形質と遺伝子組成を受け継ぐ別の個体）である。植物の細胞には「全能性」が備わっていて、細胞を切り出してカルスにし、また個体を成長させることを繰り返せば、植物は不死になる可能性を秘めていることになる。

植物は有性生殖するが、多くの植物は無性生殖する。ツツジやサツキから挿し木にした小枝は、まず根を作り、新しい芽を出し、葉を作りやがて花をつける成木となる。オオシマサクラとエドヒガンの交配種のソメイヨシノは、自体では種が育たないのが挿し木で子孫を増やすことができる。ヒガンバナなどは球

よしなしごと

根（鱗茎）で殖える。これらのような植物は全てクローンである。植物の体細胞には分裂限界（寿命）が遺伝的に組み込まれていないので、条件さえよければ、極めて長期にわたって分裂できることになる。樹齢数千年の屋久杉とか樹齢500年のエドヒガン桜のように生育環境によっては相当に長く生きていられるようです。人間の寿命のスケールからみると植物のクローンは無限に近く生きていられるように思えるが、有効なDNA修復が行われないとすると、いずれ死すべき運命にあると思われる。故にほとんどの植物（被子植物など）は有性生殖をし、減数分裂により生殖細胞系列の不死性が保たれていることになる。

植物の寿命

多細胞動物の体（個体）は様々な種類の細胞で構成されています。例えば60兆の細胞から成ると言われるヒトでは内臓、神経、血球、皮膚などで形も機能も異なった体細胞が見られます。しかし、これらの細胞は全て一個の受精卵から派生してきたものです。これが卵割（細胞分裂）を繰り返して個別の道を進み、最初は同じ性質を持っていたはずの細胞が分化して専門化した形態・機能を獲得した細胞になりますが、この過程は普通には後戻りができません。一方、多細胞植物の細胞も受精卵から分化しますが、体細胞を適当な条件で培養すると、初期化のような現象が起こり（脱分化）、細胞分裂を経てもう一度分化させ（再分化）、さらに個体を再形成することができます。植物細胞の持つこの能力を分化全能性と言います。分化全能性は個体を構成するさまざまな種類の細胞のどれにも分化することができる潜在能力です。動物でも植物でも、すべての細胞の

起源となる受精卵は、明らかに分化全能性をもっています。次の受精卵につながる生殖系列の細胞も分化全能性を保持しているとみなされます。植物においては、体細胞が分化しても必ずしも分化全能性は失われません。たとえば、ニンジンの細胞から不定胚を経て個体の全部を再生させることが出来ることなどから、植物体細胞が分化全能性を有することを示しています。動物の場合は、初期発生の間に個々の動物細胞の分化能力は次第に限定され、分化全能性は失われるとされています。植物細胞（部位は問わない）を栄養成分と特定の植物ホルモンを付加して培養することによって脱分化させると、カルスという未分化の細胞群が得られる。このカルスからは完全な一個体を形成することができる。このように植物の体細胞には分化全能性があるということは、分裂限界（寿命）が遺伝的に組み込まれていないので、条件さえ整っていればいくらでも長寿になりうることになる。条件とは光エネルギーが絶えることなく光合成により化学エネルギーに変換できること、根が地中に伸びて、水分や栄養成分を吸収できていれば成長は持続されます。

植物の再生現象は分化全能性の馴染み深い事例です。剪定された街路樹はやがて春になり温暖になると傷口周辺から多くの新芽を出します。挿し木や挿し葉法では、植物体の一部を切り取って土や水に挿しておけば、暫くすると切断面からは根や茎葉が出てきて新たな個体となります。

ただし、上に記したように環境条件が整っている必要があります。剪定した庭木などは春になり日当たりが良くなると成長を伴いながら、傷口周辺からの枝葉の伸び方が順調になるので、それを見越して多めの剪定が必要になります。挿し木について

よしなしごと

は、分化全能性を促進させる植物ホルモンなどを施せば成長が
早まります。

ナイスシニアのすすめ

動物には寿命がある

リュウキンカ

地球上には原核生物（バクテリアなど）と真核生物（動物、植物など）がいて前者には寿命が存在せず、後者には寿命を持つものと持たないものがいる。生物の寿命は授精に始まる自己同一性の継続期間であり、自己同一性は無性生殖によって維持され遺伝子（DNA）のコピー（転移）の継続により保たれている。寿命を持つ生物は授精に始まり個体または細胞の死によって終わる時間枠の中に有性生殖による子孫を作る生存システムを作っています。このシステムにおいて重要なのは有性生殖開始までの時間であり、そのあとの生存期間は二義的な意味しか持たないことになっています。ただし性行動が一回限りでなく何年にもわたって継続的に起こる場合や、性行動は無くても子孫の養育・保護を要する社会的動物では二義的な期間の持つ意味が違っているといえます。

よしなしごと

バクテリアなどにはDNA量、遺伝子数が少なく、細胞が様々な役割をもつ細胞に分化できず、全て同じことしかできないが分裂は続けることが出来るから寿命がありません。バクテリアでも分裂を繰り返すうちに細胞のDNAの損傷が生じるが、損傷速度より早く分裂することにより回避しているようです。有性生殖をする生物には寿命がある。有性生殖は減数分裂で遺伝的多様性を増加させるとともに遺伝子の修復する機能があります。対合する時の相同染色体は遺伝子を交換し、傷ついていない相方の染色体のDNAを修復する。減数分裂を起こし授精して受精卵となった細胞は若返って寿命を回復する。真核生物はDNA量が多く細胞が複雑になっており、受精卵からは細胞分裂により同じDNAを持つ細胞が分化により肝臓、筋肉といった異なる機能を持てるようになっているが、これら幹細胞にはプログラムされた細胞分裂の回数に限界（テロメア）があり、やがて細胞死に至るので寿命があることになります。一方で分化される機能に生殖細胞もあるが、やがて受精卵になり若返ることから寿命はないことになります。

高等動物では骨髄の造血組織、皮膚の下組織、消化管の上皮組織などの幹細胞は成体になっても分裂を繰り返し新しい血液の細胞や皮膚や上皮を作っている。肝細胞やリンパ球などは分化した細胞であるが、必要とあれば分裂できる。それに対し、神経細胞や心筋細胞などはそれ自体が若い時は分裂性の細胞であったが分化して神経細胞や心筋細胞になってしまえば分裂機能を失います。従って補充が効かないので細胞自体の寿命は長いことになるが損傷すると致命傷になります。肝細胞から作られる赤血球の細胞や皮膚の細胞なども非分裂性の細胞であるが

85

100〜120日と寿命が短く老化した細胞は捨てられて幹細胞が新しく作って補充されている。これら幹細胞には寿命がプログラムされており、人間では50回ほど分裂すると寿命が尽きてしまい、補充のきかない非分裂性の細胞にも寿命がプログラムされているようであり、これらが人間の最大寿命を決めているようです。

高等動物の体は分裂性の細胞と非分裂性の細胞でできているが、分裂性の細胞は生殖細胞を除いては分裂回数に限界がある。これがヘイフリック限界（染色体末端にあるテロメアの短縮限界）と呼ばれていて、ヒトの場合は約50回であり、50回分裂を繰り返すと細胞はアトポーシス（細胞の中に組み込まれた細胞死のメカニズム）で死んでしまう。ニューロン（神経細胞）や心筋細胞のような非分裂性細胞は、それらを作り出す分裂細胞が成長とともにほとんどなくなり、補充がきかず最大寿命で約120年と言われており、ヘイフリック限界とほぼ一致する。このようなことを生殖細胞の不死により生物の種の保存を担保し、アトポーシスで個体や体細胞の有限性はあるが、複雑で様々な可能性のあるシステムを構築することができているとすれば、高等生物にとって寿命があるのは自然界の仕組みであるしか言いようがない。

このようにして最大寿命は決まっているとして、最大寿命を妨げる要因はたくさんあるようです。肝細胞の分裂回数は決まっているとして、分裂間隔が短ければ早く死んでしまうことになる。皮膚細胞や血液細胞の損傷が激しければ、これらを供給するために幹細胞はより早く分裂しなければならず在庫が減ることになる。ニューロンや心筋で損傷や老廃物の蓄積するスピー

ドが速ければ寿命は早まることになる。好ましい食生活やメンタルのストレスを軽減がこれら不良要因の抑制になることを心得ておかねばなりません。

ナイスシニアのすすめ

高齢化社会とAI（ホモ・デウス）

日光キスゲ

人生も後半になると、どうしてこのような自分がいるかを考えたくなる。若い頃は時間を考えずに生活できたが、最近は何をやろうかと時間刻みで考える。考えるのだが、どれも1回はやってしまった覚えがあり、再度繰り返しても効果があるのかと思う。されど違ったことをやるのは、とってもエネルギーを要するのでこんな事をしていていいのかと考えたくなる。その割には能率があがっていないのか、日記に書いてみるとあまり成果が上がっていない。このような生活を何というのかを考えてみました。

高齢化社会とは、総人口に占めるおおむね65歳以上の老年人口が増大した社会のことを言うようです。人類社会は、一定の環境が継続すれば、ある一定の面積に生存している人口を養っていく能力に限界が訪れる。そして、人口を養う能力の限界に達

し、ある程度の時間が経過すれば、必ず高齢化が顕在化してくる。高度に社会福祉制度が発達した国家にあっては、その負担に応じるため労働人口が子孫繁栄よりも現実にある高齢化対策に追われるため、少子化が進行して、さらなる高齢化を助長していく場合が多くなります。

リキッド・モダンとは液状化する近代社会とでもいうか、個人がバラバラに動き回る近代社会では、全ては一時的、その場限りに終わってしまう。高齢化社会の特徴にもなっています。

現代社会を捉えるのに、かつて近代を駆動した「固い体制」が「液状化」した時代である、いや、むしろ、身分制社会を流動化するという意味で近代を開始した「液状化」が、あらゆる領域に浸透したものであると捉える視点が中心になっています。封建制や身分制社会が溶解・液状化されて近代が始まり、個人の運命をあらかじめ定めている制限がなくなりました。それに続いて、コミュニティや家庭といった構造も溶解・液状化されているのが現代であると捉えている。その一方で、社会全体のシステムにあたる構造は、個人の生から遠いところに位置するようになっています。その結果、個人の生活の直近には、構造がない世界が広がっている。かつての「固い」社会は、一度作ってしまえばそのままで自立しているが、「液状化した」社会を、ある形に保つには、常に個人が介入して支えていなければなりません。

リキッド・モダンの時代には、知識やスキルは急速に陳腐化し、新しい知識の必要に迫られる。しかも生涯にわたって、人々は自己形成や人格形成を絶え間なく続けていかなければならず、選択と自己決定を迫られる。このような時代には、教育や

学習は人生前半期に特有なものではなく、生涯にわたって続けなければならない。さらに、「時間」の問題がある。ある仕事をするのに必要な時間が短縮されるのが近代から現代に一貫した特長であり、近代は「時間の操作」の効率化と、それをめぐる権力闘争を軸にして進んでいるといってよい。

1980年以降、近代的経済構造と、社会生活の細部まで規制し管理・保護する国家が後退して、さまざまな組織や仕組みが崩壊した。伝統的な社会生活と異なり、人々の生活は所与のものでなくなり、不断の努力と注意が必要になる。従来の重工業を主体とした社会ではなくなり、サービスや情報が社会の中心となり、社会の進化は永遠に続くプロセスとなってきている。このような社会設定では個人化が進み、沆動的な社会になり、個人の不安、苦悩は個人が解決せねばならなくなり、個人格差が広がって行くことになる。このような社会では個人のエンパワメントが求められる。エンパワメントとは、自分自身の生活や人生をコントロールする能力であり、自分の生活に有意義な影響を与える能力を獲得することをいう。

2000年以降、高齢化が進展し、人工知能（AI）がもたらす社会構造の変化は更に個人生活の負担が増していると言えるようだ。AIは人をエンパワーするという決まり文句があるが、ただし均等にではない。AIを活用できる者は途方もなくエンパワーされる一方、そうでない人もいる。
今後はサービス業もAIにより自動化が進み、労働者が財やサービスを提供すること自体はさほど付加価値を生まなくなる。軍事の世界では兵士の数は重要でなく、戦争の勝敗を決定づけ

るのは、ハイテク兵器の質とそれを使いこなす職業軍人の質となっている。それと同じことが経済の分野でも起きている。労働の手足となって働くスマートマシンが普及する2030年代には全面的かつ長期的な雇用減少が起きる可能性がある。今後なくなる職業が増え、創造的な仕事が残るクリエーティブな世界は更に社会構造を変化させ優秀な経営者、資本家はAIを駆使して末永く生きる「不老階級」を形成する一方、十分なスキルを持たない個人や労働者は「不要階級」を形成するようになるだろう。

歴史学者ユヴァル・ノア・ハラリ氏は、著書「ホモ・デウス」でAI時代に警鐘を鳴らしている。現在、無人運転自動車などに搭載される深層学習（ディープランニング）をする優れたAIの登場がある一方で、大きな不安が発生している。2030年の「AIが労働者に置き換わる」雇用崩壊と、2045年の人類の危機「AIが人類を超える」シンギュラリティ（技術的特異点）という問題点がある。もし科学的な発見とテクノロジーの発展が人類を、大量の無用な人間と少数のアップグレードされた超人エリート層（ホモ・デウス）に分割したならば、そのときには自由主義（現代社会）は崩壊すると警告している。ホモ・デウスは人間の本質的な特徴の一部を持ち続けるものの、意識を持たない最も高性能のアルゴリズムに対してさえ引けを取らずに済むような、アップグレードされた心身の能力を享受する。知識が意識から分離しつつあり、意識を持たないAIが急速に発達しているので、人間は、後れを取りたくなければ、自分の頭脳を積極的にアップグレードしなければならない。人間中心からデータ中心へという世界観の変化は革命であり、こ

の激動のAI時代を生き抜くためには、個人は何を学び、如何に自分の資質・能力をアップグレードするかを深く考える必要がある。たとえ高齢者であろうとAIの時代を生き抜くためには学ばねばならないことになる。

まなびごと

ナイスシニアのすすめ

健康寿命

尾瀬　燧ケ岳

95歳、脳梗塞で他界することになりました。

いくら頑張っても、普通の人間であれば、そこら辺が限界でしょう。健康診断の結果を整理してみても血圧は徐々に上がっているようだし、肝機能も徐々に悪化しているようだ。単純に規則正しい、運動充分な生活をしていれば健康寿命が維持されるものでもないらしい。最近頭のサイズが長くなっているようで皮膚の弾力もなくなってきているのが気になってならない。心なしか足の重心もフラツキが目立って来ていような気がしてならない。着実な老化が実践出来ていることはいいことなのか。こんな調子が続いていることをプロットしてみると行くつく先が95歳なのです。

厚生労働省は、介護を受けたり寝たきりになったりせず日常生活を送れる期間を示す「健康寿命」が、2016年は男性72.14歳、女性74.79歳だったと公表した。前回（13年時点）と比べ

男性が0.95歳、女性は0.58歳延びている。平均寿命と健康寿命との差も男女とも縮小し、16年の差は男性8.84年、女性12.35年。13年と比べると男性0.18年、女性0.05年改善している。食生活の改善などが寄与していると分析されており、要介護の原因となる脳血管疾患の患者が、生活習慣の改善で減っており、高齢者の社会参加の場が広がっていることも健康寿命の延びにつながっているとみている。

健康寿命が一番長寿なのは都道府県別にみると静岡県だそうだ。女性は１番、男性は愛知県に次いで２番になっている。静岡県民はなぜ健康長寿なのか。静岡県の総合健康センターでは、健康でより長く生きるための支援方法を研究するため、「高齢者コホート」と銘打った大規模な生活実態調査を行なって、何年後に介護状態になったのかなどを追跡調査している。この結果から推測すると、運動、栄養、休養、社会活動が健康長寿の柱になっているという。運動要因：週５日、30分以上歩く、栄養要因：肉・魚・大豆製品・卵などバランスの取れた食材を１日に３回以上食べている、社会参加要因：町内の作業やボランティア活動に週２回以上取り組む、などの要素を満たした人は、寝たきりなどにならず、生活の質が高いまま長く健康でいられる傾向があると分析されています。例えば「地場の食材」の豊富さでは、静岡県が全国１位で、農水産物の生産品目数も多い。これは「栄養」をバランスよく摂取するうえで有利な条件といえる。しかも、「飲酒習慣者」の割合は全国で２番目に低く、肥満者の割合も全国で５番目に低い。１日に歩く平均歩数も男性が10位、女性では５位と上位につけている。もうひとつ、静岡県で忘れてならないのが「お茶」である。緑茶に

ナイスシニアのすすめ

含まれるカテキンという成分が悪玉コレステロールを減少させることなど、お茶の健康効果についてはさまざまな研究報告があります。静岡県はお茶の産地で、県民が全国平均の２倍のお茶を飲んでいるというデータもあるので健康寿命にも関係しているのでしょう。

残念な結果が出ているのが男性最下位の青森県と最下位から２番目の高知県です。とくに青森県は、平均寿命でも男女ともに全国最下位である。この理由も、また生活習慣にあるようです。青森県は習慣的な喫煙者の割合も、習慣的に飲酒する人の割合も全国１位。また、男性の肥満の割合も高く、歩く歩数が少ない、野菜摂取量が少ないといったデータもあるようです。

長野県は、平均寿命が男性は80.88歳、女性は87.18歳で、男女ともに全国１位となっている（2010年調査）。同県の男性では、1990年からずっと平均寿命の全国１位を重ねています。信州人の健康長寿の要因は、「健康に対する関心が高い」ことや、「就業意欲が高くボランティア活動にも積極的で、暮らしに生きがいをもっている」ことだそうだ。長野県では、男性の高齢者の就業率が高い。就業率は男性が74.2%で５位、女性が53.0%で４位だが、65歳以上に限ると、男性が41.5%で１位（いずれも2007年）だった。研究チームは、厚労省が統計をとりはじめた1920年代までさかのぼって統計資料を分析しました。その結果、1921年以降も、県の平均寿命は上位で推移していることが分かった。結核死亡率と乳児死亡率が低く、保健水準の相対レベルが高かったことが示されている。大正末期から昭和初期にかけての長野県の食生活をみると、「魚、みそなどの大豆

食品、野菜、イナゴなどの昆虫食といったさまざまな食材からタンパク質をとっていた。みそ、しょうゆ、豆腐、凍り豆腐などの大豆製品も自宅で作っていた」という。

高度経済成長期には県の平均寿命はいったん低下しました。原因のひとつは脳血管疾患の死亡率の高さだった。そこで県は1945年に「保健補導員活動」を開始して、昭和30〜40年代には脳卒中に対策しようと、保健師や保健補導員によって食事の塩分濃度測定や冬期室温測定、一部屋温室運動などの活動が展開されました。食生活改善推進員は、家族の健康管理から、近隣、地域住民へと食生活改善を中心に健康づくりのための実践活動の輪を広げ、食からのボランティア活動を行っています。減塩などの地域ぐるみの食生活改善運動が長寿につながっています。男性の習慣喫煙率も全国で44位と際立って低い。禁煙運動が高度成長期の初期から伊那市で始まり、全県に広がったことなども健康長寿に影響している。研究チームは「高い学校教育の普及率がもたらす、栄養に対しての知識や工夫が寄与した。積極的な社会活動参加により生きがいを持って暮らしている」との推論をまとめている。高齢化の進展によって、地域における共助の取組など、ソーシャルキャピタルの強化が平均寿命の延伸になると説明しています。

私がお付き合いさせていただいている高齢期を迎えた諸氏には、都会近くであっても地域活動に熱心に取り組んでいる方が多いようです。一方で、一大決心をして地方に転居して農業で自然に親しみ、地域のスポーツ活動に参加してアクティブな生活に切り替えて方もいます。いずれであっても目的を持った生活ではあるが成果を求めない生活が良いようです。

ナイスシニアのすすめ

脊柱管狭窄症

湯河原梅林（幕山）

脊柱管狭窄症を患ったことがあると友人のO医師に相談メールしたら返信がありました。

「典型的な症状は間欠性跛行（Intermittentent Claudication）というものです。この症状を呈する疾患は脊柱管狭窄症と下肢動脈硬化症による血流障害です。動脈硬化症による血流障害の場合は立ち止まると症状が軽快しますが、脊柱管狭窄症の場合は立ち止まっただけでは改善せず座ったりして背骨（椎骨）のアライメントが元に戻らないとふくうはぎの痛みは改善しません。又、動脈硬化症による場合は足背の動脈の触知で左右差が認められます。私も以前に、脊柱管狭窄症になりました。冬場にテニスをしている時に腰の真ん中辺りに重感を感じましたがその後暫くして、100m位歩くとふくらはぎの痛みが出て立ち止まる状態になりました。動脈硬化のリスクファクターは喫煙以外になく、足背の動脈を触れても左右差がなく立ち止まっただけでは良くならなかったので、脊柱管狭窄症を疑い整形外科

まなびごと

医にMRIを撮って貰い診断がつきました。この場合は背屈をすると悪化するのが特徴との事でしたので腹筋を鍛えて４週間位で良くなりました」

このような詳細説明のメールいただいたので早速返信しました。
私は、昨年11月に脊柱管狭窄症を発症して、左足が痺れ腰が痛くて、一時は動けなくなりました。しかし頑張って速歩と朝晩の足腰のストレッチを繰り返した結果、４ケ月ほどで治りました。テニスもできるようになっていますが、再発が心配なので、ストレッチは毎日続けています。医師に対抗する気はないが、いろいろのお世話になるのは良いものです。それで治療経過を日記にしていたのでメールしたが、返信はありませんでした。

11/19　テニスをしたが、腰痛で途中リタイア、腰痛で医院に行き、レントゲンから脊椎管狭窄症と診断される。リハビリは腰の牽引とウォーターベッドでの背面全身マッサージ。筋力強化を維持するストレッチが良いと指導される

11/28　痛みが激しく、休んでも回復せず、走れず

12/ 5　サウナ、湯治では顕著な効果は現れず、自転車こぎ、プール、エステバスを始める。かなり強固なトレーニングになっているようで、連続でやると翌日がつらい

12/11　朝起きると立てないほどに痛い。１～２時間ほど経過して午後になると軽減するので、背筋トレーニング、腹筋トレーニングはいくらでもできる

12/30　布団を固くしたので、背筋が寝ていても伸びるようだ

（硬直するようだ）。背中を丸くして、下肢をかかえ
　　　る運動が背中の局部を刺激するようで効果がある。水
　　　中歩行、プールでの平泳ぎ、自転車こぎ…、痛みが出
　　　ない運動は腰に負担がかからずに効果的のようだ

1/22　朝から動けなくて朝食の時に苦労した。その後リハビ
　　　リに行ってから少し楽になる。運動をすると翌日の痛
　　　みは激しいのが、それに耐えて運動を続けるようにし
　　　ている

1/31　プールに出掛けて水中歩行。駆け足ができるようにな
　　　ってきたので速歩をした

2/2　朝起きた時が痛く、しばらくは動けない。9時頃にリ
　　　ハビリに行き、湯治に出かける

2/25　状況分析はこのくらいで止めることにした。朝方の痛
　　　みは軽減したが痺れは残っている。しばらくはリハビ
　　　リに通わなければならないし、スクワットも続けなく
　　　てはならない

何故、脊柱管狭窄症を発症したかは分からない。体が老化して
いることは確かだが、パソコンの姿勢が前屈、前かがみになっ
ていて姿勢が悪かったようなので、これについては直しまし
た。運動不足なようなので速歩、テニス、スキー、ストレッ
チ、スクワットに励みました。だがそれだけで改善したとは思
えません。加齢による体の変化は確実に起きています。これか
らも何が起きるかは分からないが、変化には敏感であって早期
治療に努めたい。また3ケ月のリハビリを経験にして、再発が
恐ろしいので、しばらくはリハビリを日課にしてゆくことにな
るだろう。

まなびごと

脊柱管狭窄症を発症してみて分かったことは、頼りになるのは友人たちからの助言でした。経験に基づき助言してくれるので大変参考になりました。それとNHKの健康講座は普遍的なことが指導、解説されていて教科書と併せて読むと、とても参考になりました。かかりつけの医者に行き、リハビリに通いましたが、早く治したいなら手術しかないと指導するだけで、腰に効くという栄養剤を施薬してくれました。それや、これやで約３ケ月で何とか回復しましたが、たいていは２～３年はリハビリを続けなければならず、しかも約半数の患者は痛みに耐えきれず手術を選択するようです。私の場合は、幸いに普段から運動していたので、痛みに耐えて背筋の強化運動ができたこと、出歩いたり、湯治に行ったことの効果があったような気がしています。それと日記をつけていたので、体調分析ができ、痛みの進行具合が分かり、対症療法が行えたことかなと思っています。

ナイスシニアのすすめ

体の音を聞く
上州　妙義山

最近は体調がいい。
何故いいかと体に相談して何となくまとめてみると、
①心理的ストレスがない（仕事をしていないが、外出し仲間付き合いがある）
②行動が計画的である（定年後の生活パターンが決まってきたので、時間管理ができている）
③良く運動している（計画的にグループ活動に参加して、自己管理もできている）
このように概観してみると、心の管理、社会的参加、個人健康管理の3要素にまとまっていることが分かって自信が持ててきた。

定年後の生活は、それ以前の生活とは随分と変わったようだというか、変えた方が良いようだ。定年前の現役の頃は会社勤めが優先し、個人の生活は何方かというと隷属的で、しいて言え

ば2重構造的な時間の使い方をしていたように思っている。2つの構造社会がどちらも優先で、どちらも失敗の許されない拘束状態にあったのでストレスがあったのだろう。定年後の生活では、第2の職場にあっても、既に人生との格闘期間は過ぎてしまい仕事への優先度は格段に落ち、逆にそれまでの人生への反省から個人生活を大事にしたいとの思いが増してくる。それが生活のストレスを軽減させたのだと思われる。

さて定年後の生活を始めてみると、個人の生活を優先していいのだと思ってみても、社会に参加していなければ何をやっても余暇があるだけでフィードバックがないので面白くもない。現代の老後の生活では個人的に孤立していては、感情的になるだけで不満が蓄積されてしまうようだ。それらのはけ口としていろいろの社会グループに参加できるような素養が必要になるだろう。

しかし、老後の体調は一定でなく、いつ病に襲われるのかが分からない。最近は遺伝子解析で確率的に、さらに老後の健康確率が予想できるようになっているようだが、それはあくまでの遺伝子要因の病弊だけであり、生後の生活習慣による病気には関連していない。しかし生活習慣病に関しては、最近の保健指導である程度は指導が繰り返されて、マスコミが協力して宣伝・広報していることもあり、若年層からして健康増進には意識しているし、世の中での話題も豊富になっている。私も70歳の時に脊柱管狭窄症を患った。患った時点では足腰の痛みで起き上がるのに痛みがあり、歩行中に痛みがあり、寝ていても痛みがありました。医者に行っても病名を言うだけで積極的に直すならば手術しかないというだけで頼りにならない。しかし世

ナイスシニアのすすめ

の中は病気に関してもインターネットを初めとした情報獲得手段が身近にあるので、各自の努力で早めの手当てが可能になっている。このような状況を踏まえ普段から老後の疾病について勉強し、緊急を要する発症時にすぐに対処できるようにしておくのも良いだろうし、またそのような生活指針にしているつもりです。

体調がいいのか、悪いのかといつも体の音を聞くのが良いようだ。即ち瞑想により体の隅々に問いかけてどんな様子かを聞いてみるのです。そうすれば調子のよくない臓器は応答し、その日の状況を語ってくれるものです。

それでは瞑想法とは、どのようにするのかを調べてみました。

瞑想とはウィキペディア等によれば、伝統的により高度な意識状態あるいは高度の健康とされる状態を引き出すため、精神プロセスを整えることを目的とする注意の意識訓練のことである。瞑想の具体的効用として、感情の制御、集中力の向上、気分の改善といった日常的なことから、自己洞察や対象認知、知恵の発現、更には悟り・解脱の完成まで広く知られる。宗教や宗派、あるいは瞑想道場により瞑想対象や技術がことなるようです。

瞑想法は、一つの対象を定めた上で、その対象に集中を定めていく手法と、対象を定めずに心に去来する現象を一心に観察する手法があります。仏教における瞑想法では、人間の心が多層的な構造を持っていることを踏まえ意識の深層段階へと到達することを目的とした手法が組み立てられています。大乗仏教で

は深層心理が八識に分類されており、瞑想はそこへ到達するための方法とされています。上座部仏教（小乗仏教）では心の変化を九段階に体系化しており、仏陀によって説かれた観瞑想の修行を行うと解脱が可能とされています。

瞑想はセラピーと言われることもあるが、臨床的な病の治療を目的とした精神療法ではなく、自己超越を促進する方法のひとつであり、高次の意識の出現、発達、成長を促進する手法でもあります。精神療法の補助手段としての可能性もありますが、心が整った状態を指すのか、それとも心を整えようとする行為を指すのかにより対応が異なってきます。瞑想にいたる過程もまた、瞑想になります。瞑想とは状態であると考えるならば、瞑想とは外界からの刺激を遮断して、内界に意識を向ける営みとなります。瞑想の深度も重要な尺度です。つまり、ラジオ体操の最後の深呼吸は、瞑想の入口であったとしても、瞑想とは呼べないのか。問題を解決しようとして集中することを活動的瞑想というが、心に雑念が浮かばず、精神が一定の静寂を得た境地を瞑想とよびます。

ヨーガとは

精神的な身体技法がインドのヨーガです。ヨーガの目的は輪廻からの解脱、つまり正しく死んで二度と生まれ変わってこないこととされる。ヨーガの目的とされる究極の境地は解脱とされる。解脱とは日常的な精神活動を停止させ、欲望や時間を超越し、感覚や欲望の主体である自我の働きを消し去ることを意味する。性的なエネルギーを上昇させ、昇華させ、性を聖に転化させるというのがヨーガの基本的な考えです。

ヨーガは8つの段階においては、⑦のディヤーナの状態を瞑想

と位置付けている。

狭義の瞑想から、広義の瞑想まで、瞑想を考える際にはどの視点から瞑想を捉えるかによって、多様な解釈が可能となります。①ヤマ（禁戒）、②ニヤマ（勧戒）、③アーサナ（座法・体位）、④プラーナーヤーマ（呼吸法）、⑤プラティヤーハーラ（制感）、⑥ダーラナー（集中）、⑦ディヤーナ（瞑想）、⑧サマーディ（三昧・禅定）

①のヤマは禁戒と訳されるが、これはたとえば「暴力をふるわない」「嘘をつかない」といった内容であり、②のニヤマの観戒とは「清潔を保つ」「祈る」といったことである。この二つはヨーガの心構えとでもいうべき項目となっている。③のアーサナは座法と訳されるが、これがいわゆるヨーガのポーズである。④のプラーナーヤーマは呼吸法。この２つを特に強調したものが、スクールやスポーツジムで学ばせるヨーガである。⑤〜⑧は、いずれも心を主体とした項目であり、平たく言えば瞑想の程度の違いとなる。

感覚が研ぎすまされて集中し、瞑想が徐々に深まる過程を段階的に示したものと考えられる。最終的な段階は⑧のサマーディであり、これは三昧（ざんまい）や禅定（ぜんじょう）と訳される。三昧はサマーディというサンスクリット語の発音を漢字に当てはめた音訳であるため、漢字自体に意味はない。禅定とはサマーディの意訳であり、これがヨーガの最終目的でもあり、精神が究極的に統一された状態を指している。そこは心がまったくの静寂に包まれ、雑念が完全に除去され、解脱とされる境地となる。

座禅とは

「ただ坐る」ことを指している。坐禅は、何かを求めるのではなく、求めようとする心によって歪んで見えてしまう世界の実相を、正しくありのままに受けとろうとする営みである。だから、坐禅をする目的は、何も求めないことにほかならない。しかし何も求めないことを求めては、それは一つの求めになってしまうから、求めないこともまた求めない。「無」と表現してしまうのは安易だが、物事をありのままに見るがために、心をニュートラルな状態に保ちたいのであって、何かを得たいのではない。死を、ただ「死」とみる。「怖い」「嫌だ」「逃れたい」という思いから死を見れば、死は怖くて嫌で逃れたいものになる。物事をありのままに見るとは、それらの思いから離れて、死を「ただの死」として観ることをいう。

禅宗には、曹洞宗、臨済宗、黄檗宗の三つの宗派があり、それぞれの宗派で座禅のやりは違いますが、基本的な姿勢や呼吸の仕方は同じで、
①調身：姿勢を整えること、②調息：呼吸を整えること、③調心：心のあり方を整えること
身体と呼吸、意識を整えることで、安らかな気持ちになることが座禅の基本です。坐禅とは習禅にはあらず。唯これ安楽の法門なり。菩提を究尽するの修証なりと道元は説いています。習禅とは精神を集中したりして自分の意識を高め、悟りに到達しようと努することです。座禅はそのような習禅ではなく安楽である、つまり、座禅をする目的は、心安らかに身体も楽にすることだと道元は説いたのです。正しい楽な姿勢ですわり、呼吸を整え、心の持ちを整えることで、体が安らかになるための基

ナイスシニアのすすめ

本が、調身、調息、調心なのです。

マインドフルネスとは

英語には、「気づかう」「心配りをする」という意味の「マインドフル（mindful）」という形容詞があります。マインドフルネスの概念では、マインドフルとは、良い・悪いなどの価値判断をすることなく、完全に今の瞬間に注意を向けている心の状態」を指します。

ヨーガや坐禅をベースにしたストレス緩和法であり、今、五感で感じられる現実だけに意識を向け、負の感情を生じさせない、深い精神状態を得ようとするのではなく、瞑想による制感・集中といった効果を実生活に応用することが目的の瞑想技法である。臨床実験によりその効果が科学的に実証されたことで、心理学や医学に限らず、ビジネス、スポーツ、教育、福祉などの諸分野で注目されている。

①判断をしない

自分の今の状態がどのようなものであっても、評価や判断を一切せず、完全に受け入れる気持ちでその状態をありのままに観察します。私たちは普段、自分の状態や出来事を「良い・悪い」または「好き・嫌い」などの判断に基づいて評価しがちです。この結果、客観的な視点を持つことが難しくなり、不安や偏見などの感情にかられて機械的に反応してしまうことも少なくありません。

自分の今の状態を判断せずに受け入れ、ありのままでいることができるようになると、出来事や自分の状態をはっきりと見ることができるようになり、適切に対応できるようになると考えられています。

108

まなびごと

②今の瞬間に意識を向ける

マインドフルネスの概念では、私たちは普段、身の回りの出来事などに対して自動的に反応したり、過去や未来のことを考えたりして、多くの注意力を浪費していると考えます。

「今この瞬間」に意識を向けると、外部の出来事に気をとられなくなるため心が穏やかになり、洞察力が高まるとされます。また、浪費していた注意力を集めて利用することにより、以前なら不安や恐怖に襲われていた状況においても、より冷静に対処できるようになると考えられています。

ナイスシニアのすすめ

元気を続ける
南アルプス　塩見岳

生体は、健康な状態を維持していく上で、様々な恒常性維持（ホメオシタシス）の制御システムを有しています。生体内の生理活性物質とその受容体システムは生体に備わったホメオスターシス制御システムの一つですが、一方でその調節異常は、老化現象の進行や様々な生活習慣病の原因となります。こうしたホメオシタシス制御システムを統合的に理解し、人為的に介入・操作することができれば、様々な病気の予防やアンチエイジング法の開発につながることが期待されています。

自らの体を環境に適応させ、安定させるホメオシタシスの３大システムが、「自律神経」、「内分泌」、「免疫」であり、このバランスを失わせる張本人こそがストレスなのです。免疫とは、生体を細菌やウイルスなど様々な病原体の侵入から守り、健康なからだに維持する機能です。「病は気から」ともいわれているように、免疫システムもまた、神経系や内分泌系と密接

まなびごと

な関係にあることがわかっています。ここでいう気とはストレスのことを意味しています。「元気がある」、「気力がある」や「やる気がない」、「気が乗らない」など良くにも悪くにも使われるものです。「気」とは目に見えないエネルギーなどともいわれています。東洋医学（漢方）では気というのは、生命の源であり、血液と違って目には見えないが全身を駆け巡るエネルギーであり、常に私たちの体を出入りし、自然界に普通にあるものとされています。気を取り入れる力が上がるといろいろなことに取り組む力が湧き、気を取り入れる力が下がると病気になったりします。気は生命エネルギーである以上、その人の感情を大きく左右するからです。気というのはその時の状況で、プラス（正・陽）になったりマイナス（邪・陰）になったりします。常にどちらか一方であることはないのです。気分という言葉は「気を分ける」と書きます。まさにプラスとマイナスの気が分かれて、プラスが多ければ気分がいいし、マイナスが多ければ気分が悪くなります。それぞれの動きや巡りを良くすることで病気や症状を改善し、または健康維持のために常にバランスを整えられるよう動き回っているのです。病気は「病（やまい）の気」と書きますが、これはマイナスの気が多い状態です。だからこそプラスの気の割合を増やし、免疫力や自然治癒力を高めることが重要なのです。すなわち「病は気から」とは、病気や症状を快方に向かわせるためには、プラスのエネルギーを内外から体いっぱいに取り入れることが必要不可欠だという心の教えを表現しているのです。そのためには、気力を奮い立たせ、元気を出して事に取り組み、常に本気を貫き、時には気を落ち着かせて、やる気を起こさねばなりません。

気は英語ではaura（アウラ、オーラ）、ラテン語ではspirits（スピリトゥス、スピリット）と訳され、生命力や聖なるものとして捉えられた気息、つまり息の概念がかかわっています。しかしそうした霊的・生命的気息の概念が、雲気・水蒸気と区別されずに捉えられた大気の概念とひとつのものであるとみなされることによって、思想上の概念としての「気」が成立します。

生物、無生物に関わらず、全てのものの源である。

気には始まりも終わりもなく、連続的で分断・分割ができず、宇宙空間に満ちている。

気というのは、マクロとミクロで反応しあう。

気というのは決してなくならず、再生機能がついている。

気の動きというのは、因果律でなく、感応や相感というシステムで成り立っている。

世の中には陰と陽があること、男と女と相反するが共存すること、性快楽があること、気合いとか思いが成り立つこと、武道は精神鍛錬から成り立つこと、感情には喜怒哀楽があることなどが人間の自然界に満ちている気といわれるもののようです。

気功と身体技法

精神的な身体技法として中国の気功があります。気功の目的は不老長寿とされていますが、気は基本概念であり、空気、特に呼吸によって出入りする息の意味であり、同時に生命を構成する微細な物質としてとらえられています。生命は気の集まりであり、生まれつき持っている気（元気）は歳を取るとともに劣化、散逸し、やがて死に至ると考えられています。それなら

ば、使用済みの古い気は体外に排出して、新鮮な気を体内に積極的に取り込むことで、生命力を高め、寿命を延ばすことが出来ると考えられています。これは、二酸化炭素を吐き出し、酸素を吸い込むことで生命活動が維持されるという呼吸法と同じことになります。

気は目には見えないが何らかの働きのあるものととらえられており、伝統中国医学では気血と言えば、具体的に体を巡っているものと考えられ、西洋医学で血液が血管を巡るのと同様に気は経路を巡るものと考えられています。鍼灸治療はそうした気血の巡りをよくすることであり、気は体内のある変化として感覚されるものを指すことが多いようです。

ナイスシニアのすすめ

寿命をのばす

北アルプス　黒部湖

何時頃からかは定かでないが老化の始まる前は、若い肉体があり、精神的にはもろいところもあったが何かやる気があったような気がしています。老境に至ると肉体の衰えはあまり意識できずにいるうちに衰えているらしく、やる気がない、計画性がない、行動範囲が狭くなるなどといった精神的疾患から始まっているような気がしています。人間は生殖により生まれ、細胞が分化することにより成長して、老化が始まる頃には細胞分化より細胞死が進むようになり、やがて身体活動も制限されるようになります。これらについて詳しく考察すれば老後の過ごし方、寿命の伸ばし方についても、少しは参考になるかと思い調べてみました。

生命体は環境の様々なストレスの中でひたすら生き残るためのシステムを開発しています。私たちの細胞は日々の活動で遺伝子情報を転写により読み出して翻訳によりタンパク質を作りま

すが、タンパク質はそのかたち（立体構造、フォールディング）により機能が決まります。

生物の遺伝子がもっている情報は、DNAの塩基配列の形で細胞内に保持されており、その情報の一部は生体内で合成されるべきタンパク質のアミノ酸配列を規定したものです。DNAのもつ情報は転写と呼ばれる過程によってまずmRNAの形に変換されます。そして、mRNAのもつ塩基配列情報に則してアミノ酸が重合しポリペプチド鎖が生合成される。このポリペプチド（タンパク質）の合成過程が翻訳と呼ばれます。RNAからの翻訳により生成した新生タンパク質は不安定な状態にあるが、フォールディングと呼ばれる過程を経て様々な立体構造が安定化することにより機能が決まり、それらが統合されて細胞を形成します。人の体の細胞は約210種類で約60兆個と言われていますが、内分泌系、循環器系、神経系により統合されて機能を発現しています。

動物は細胞増殖を繰り返すことにより個体として成長するが、やがて細胞が分裂を停止し、増殖できなくなった状態が不可逆的に引き起こされるのが老化です。未成熟細胞の老化はさまざまな生物学的ストレスにより引き起こされる。細胞老化の多くの原因はDNA損傷によって誘導され、放射線や紫外線、環境変異、酸化ストレスによって引き起こされます。

成体においても、造血系や消化管上皮、皮膚、精巣など細胞再生系で活発な細胞増殖が行われ、一般に必要数より多くの細胞が作られ、成長因子の制御などにより正常な組織構築に要する以外の過剰な細胞や、役目を終えた細胞はアポトーシスで除去される。増殖と細胞死のバランスの不均衡が、臓器萎縮や

過形成を引き起こし、50％以上の疾病にアポトーシスが関与
しているとされる。アポトーシス機構の回避、過少は癌、自
己免疫性疾患、ウイルス感染など、逆に過剰なアポトーシス
は、AIDS、アルツハイマー病、血液疾患、放射線障害、神経
変性疾患など多くの疾病と関連します。

ストレスタンパク質（熱ショックタンパク質、HSP、Heat
Shock　Protein）は、先のフォールディングと呼ばれる過程で
新生タンパク質に結合することによりフォールディングの形成
を制御するとされています。高温条件化において変性したタン
パク質、あるいは新生タンパク質のうちフォールディングの段
階に問題があり、機能できないものなどにはHSPが結合してそ
の処理を行うことが知られています。細胞はストレスのない通
常の状態でも30％もの高率で間違いを起こしており、HSPはこ
のような高次構造の破壊されたタンパク質の修復およびタンパ
ク質変性の抑制機能を有し、修復が不可能であると判断された
タンパク質が分解されるのがアトポーシスです。

HSPはファミリーを形成しており、環境ストレス、病理学的ス
トレス、身体運動・活動などによりたくさんの種類のストレス
タンパク質が作られ、細胞を守り機能が維持されています。細
胞は伸縮を繰り返しながら、体内の臓器など、各種の細胞とネ
ットワークを形成して生命を維持しています。細胞の伸縮活動
は重力に抗してかたちを保持する必要があり、細胞外マトリク
スとの接着に加えて、細胞骨格タンパク質との接着点における
安定性が必要です。ストレスタンパク質の中にはその機能を担
っているものもあります。それらは高齢者で寝たきりの状態で

は減少しており、その発現の活性化が疾病の予防につながると考えられています。実際にストレスタンパク質を過剰に発現させた線虫、ラットなどの動物実験では、寿命が延びることが確認されているようです。人間の細胞の保存・修復にもHSPの発現は効果が認められ、科学的合成する研究等も進められています。しかし自力でストレスタンパクに質の発現を促すには、身体運動・活動により身体にマイルドなストレスを与え続けるのが良いようです。

ストレスタンパク質の発現は温浴、温泉や様々な身体活動により誘導されます。速歩や登山、水泳、各種の競技スポーツといった有酸素運動は効果的です。一方、マイルドに身体活動のかなめとなる骨格、間接を常時に鍛えるにはヨーガやスクワット、大勢で楽しむラジオ体操や太極拳などのバランスを重視した運動を行うと効果的のようです。

・太極拳

・スクワット

・ラジオ体操

ナイスシニアのすすめ

心を修行する
南アルプス　甲斐駒ケ岳

釈迦は出家して断食をする、呼吸を止めるといった苦しい修行を6年間しましたが、悟りを得られなかったとされています。この修行法では体を壊してしまう、死んでしまうと周囲の人に諭されて、方法を変えて菩提樹の下で8日間にわたって瞑想を続けて悟りを開いたとされています。そのときの言葉を、現代の言葉に訳せば、次のようになります。「ああ、そうだったのか、驚いたな。眼に映るものすべてが、真実そのものだったとは」

老・病・死から逃れたいと思い続ける限り、その苦しみからは逃れられない。だから老いを、一つの真実として受け止める。病を、一つの真実として受け止める。死を、一つの真実として受け止める。老、病、死を、紛れもない真実の現象として、自分の思いをはさまずに受け入れることで、苦しみが苦しみでなくなった。苦しみから逃れようとさえしなければ、「苦」とい

まなびごと

う感情は心に起こらい。釈迦が苦しんだのは、老・病・死から逃れようともがく心から生まれた感情であって、老・病・死そのものが原因ではなかったのです。苦を生み出していたのは「人は必ず死ぬ」という現実ではなく、そこから逃げようと乱れ揺れる自分の心の方であったのです。

釈迦はこのようにして35歳にして悟りを開き、その後80歳で入寂するまでの45年間をインド北部での仏教の法（ダンマ）を教える旅で過ごしたとされています。その教えとは出家修行を重視した大変厳しいもので、ひたすら修行に励み、苦しみの源である煩悩を消し去ることでしか、人は真の安楽に達することが出来ないと教えています。煩悩とは、人の心を乱し悩ませる、執着・欲望・怒りなどの心の動きであり、それを消し去るためには財産や家族を捨てた僧伽（サンガ、僧）となって、朝から晩まで瞑想を中心とした修行生活をするように教えています。出家した僧侶の生産活動は一切禁じられ、働くこと、畑を耕すことも認められませんでしたので、生きてゆくのに必要なものは全て一般社会からのもらい物に頼って暮らしました。出家して厳しい修行をしている僧伽を尊敬して、布施により支える人々の集団（在家）が当時の社会にはあったことになります。この在家の人々がいなければ仏教は広がっていかなかったことになり、僧伽たちは自力で悟りを開いて阿羅漢（悟りを得て人々の尊敬と供養を受ける資格を備えた人）になれなかったでしょう。釈迦も最初は阿羅漢でしたが、悟りがはるかに深く、人々を救うこととのできる法力を具えた仏であるとされ、仏陀、釈尊、如来、世尊とも呼ばれ仏教が始まったとされています。

119

ナイスシニアのすすめ

時代が変遷するにつれて在家者であっても救われたい、自力で修行しないで他力で救われたい、来世では自分も仏陀になりたいといった一般民衆の要望を出家していた僧伽たちが中心になって叶えるようになります。釈迦の教えを解釈したとされる様々な経典が作られ、仏陀になるための様々な解釈が作られ、仏陀よりさらに法力の強い如来の存在が考案されて、仏に帰依すれば本願に達することが出来るという他力に頼る大乗仏教が考え出されてゆくことになります。しかし大乗仏教の成立や、日本への伝来、伝来してからの変貌について本論で語るつもりはなく、古来の仏教の修行法であった瞑想が、どのような技法であり、どのような効果があったのかについて考えてみました。

原始仏教を引き継いでいるとされる上座部仏教では瞑想を、サマタ瞑想（止）と、ヴィパッサナー瞑想（観）とに区分しています。サマタ瞑想は精神集中であり、高ぶった心を静める手段でもあります。ヴィパッサナー瞑想は洞察（智慧）であり、沈み込んだ心を活気づける手段です。伝統的に上座部仏教においては、サマタ瞑想を先に修行して、それからヴィパッサナー瞑想へと進むという階梯がとられているようです。サマタ瞑想では心の動きを何か一つの対象に結びつけることをします。例えば、入る息、出る息に心を結び付ける入息出息観察法があります。人間の心は常に何かを考えるのが仕事のようで、実際には様々なことを考えてしまいます。心がどこかに飛んで行ってしまっていると気が付いたら、またもとの対象に戻って観察を続けます。やがて練習を繰り返している内に、心は静かになり、何かを探し求める気持ちと、喜びと安楽な気持ちが生じる段階（禅定）へ至るとされています。

120

まなびごと

このように禅定の境地に入っている最中は良いのですが、普通の状態に戻れば前と同じように様々な心の働きが生じ、人生の苦しみ、悩みが生じます。それらが生じない別の修行法があるのではないかと釈迦が考えたとされる「観」と呼ばれる修行法でした。仏教用語で観とは真理と現象を心の中で細心に分別して観察し、道理を悟る瞑想の実践のことを言います。心の働きを観察するときに心を結び付ける対象は業処と名付けられ、四つの念処として分類されていました。念処とは記憶をとどめおくことで、真剣な思いを意味します。①肉体の不浄（身念処）、②感覚の苦（受念処）、③心の無常（心念処）、④法の無我（法念処）に思いを凝らす観察法であって、釈迦が始めたとされる原始経典では、上記の四種を独立の修行法として説く場合が多いようです。

観の修行法は止の時とほとんど変わりませんが、重要なことは観察の対象の業処が一つに限定されません。もう一つは目覚めに結びつく観察というか、「名色の分離」に進みます。ここでいう色は仏教用語で姿、形です。名とは、まさに言語機能（ラベリング）であって、判断、了承、分別をする心の働きになります。即ち観察の対象の色を捉え、心の微細な働きを区分しラベリングする観察が可能になります。そして心の働きが見て取れ何かを認識するということは、外界の刺激を受けて心の中に捕らまえられる対象としての映像ができ、それが「何々だ」と判断していることが明らかになります。観の修行法では、日常の悩み苦しみは、この判断、了承、識別の働きから生じるとして、識別作用のない人には悩み、苦しみがないとしています。それでは識別作用がない状態を出現させるために、5官で感じ取っている全てを気付きの対象にします。気付きの方法として

121

は言葉を使う、ラベリングして記憶するのが良いようです。観の修行法では複数の対象を次々と気付き、身体で感じ取っている感覚機能全てを対象にして心が振り向けることが出来るようになります。すると識別作用は生じないが、見たり聞いたりの認識は存在している無分別と呼ばれる境地に入るとされています。この境地は自他の一体化ともいわれていますが、自己中心的な考え方を脱却し、他者に対する慈しみの心が起きてくると言われています。

観の修行法では心を振り向けること（気付きをいれること）が最も重要な点になります。日常生活の中では感情などを言葉で表現しており、気付くときも言葉が介在します。例えば、識別作用のうちの痛みであれば「痛み」として気付けておけば、次に同じような感情が起きた時であっても、それに支配されることは少なくなってゆき、他の感情が起きた時も、痛みとは一線を画することができます。日常に起きる全ての感情を対象にして心を振り向け、気付きの対象とすることで、その感情の支配から少しずつ離れていけるようになります。それは、心が判断、了承、分別の識別作用のところで、一度止まることを意味し、仏教用語でいえば「第二の矢がない」ことになります。例えば嫌な言葉を聞いても、その言葉を理解するだけで、いやな気持を起こさない、美しいものを見ても、美しいと感じるだけで手に入れたいとは思わない境地とは、悩み苦しみから脱却することになります。いずれにせよ、観の修行法とは練習により自らの心を、悩み苦しみを起こさないように調えてゆくことを目指したものですが、その境地に達するのは容易ではないようです。

以上に述べた観の修行法は現在でもインドから南方に伝わった上座部仏教で実践されているようです。インドからヨーロッパに伝わった仏教の瞑想としてのマインドフルネスは観の修行法を簡易化したもので、精神を統一する意味で効果があるとされています。一方、インドから北方に伝わった大乗仏教では心を結び付ける対象の業処の変遷が見られます。業処が仏の姿、形となり、やがて仏像が作られるようになりました。さらに中国に伝えられた頃には称名念仏といって、仏の名前を唱え、仏を心に思い浮かべ、さらに涅槃、悟りといった良い言葉を唱え、心にも思い浮かべて確認する修行が登場します。これは止の瞑想に近いのですが、仏教では観の修行とされているようです。

ヴィパッサナー瞑想を実践したとして「ブッダの瞑想法」を著している池橋秀雄氏によると、それを実践することは一瞬一瞬に注意を注ぐ訓練であり、集中力であり、記憶力を養うといっています。さらなる効果として分析力が磨かれる、決断力がつく、創造性が開発されることをあげています。しかし、この境地に達するまでには環境を整え、時間をかけた修行が必要であり、容易ではないようです。

ナイスシニアのすすめ

自己決定権（ヘルスリテラシー）

北アルプス　白馬岳

　ヘルス・リテラシー（health literacy）とは、健康面での適切な意思決定に必要な、基本的健康情報やサービスを調べ、理解し、効果的に利用する個人的能力の程度を意味します。医療リテラシーとも称されますが、パンフレットの図や文章を読んで理解し、医療機関の診療予約を取れるにとどまらず、健康情報を効果的に利用し、健康維持・増進に役立たせる能力を向上させるのに重要とされます。また、個人的能力にとどまらず、より広く、ヘルスケア・教育システム・社会文化的因子を包含する考え方も出てきています。ヘルスリテラシーは、個人が健康課題に対して適切に判断を行う能力で、日常の身体活動量が多い層は健康寿命の延伸に関係しているようです。高齢者のヘルスリテラシーの向上は、高齢者教育は必要かの検討にもなりますが、あくまでも高齢者個人の選択です。最近の高齢化少子社会では知識やスキルは急速に陳腐化し、新しい知識の必要に迫られます。しかも生涯にわたって、人々は自己形成や人格形成

を絶え間なく続けていかなければならず、選択と自己決定を迫られます。このような時代では、高齢者であっても教育や学習は生涯にわたって続けなければなりません。これらを生涯教育の事例を考え、どのような社会貢献がこれからできるかをヘルスリテラシーと生活ガバナンスの観点から考えておかねばなりません。

生活ガバナンスとは

現代社会においては従来の方法では対応できない生活課題が急増しています。とくに社会的ニーズが増大しているため、公共的領域への生活者の主体的参加によるガバナンスが生活の質を高めるため欠くことのできない条件となっています。生活ガバナンスとは、生活に対する深い配慮をもった生活者の価値を、個人や家族を超えたより社会的次元に浸透を図りながら、新たな公共性をつくるにはどうしたらよいかを考えます。生活ガバナンスのリテラシーの根本はフレーミングの違いを理解し、問題点を切り取る視点、知識を組織化するあり方、問題の語り方、状況の定義の仕方等に差があることを理解しておかねばなりません。個人の主要価値、各人が置かれている社会的環境によりフレーミングは多様になります。

自己決定権とは

人は、憲法でもって幸福を求める権利が保障されています。この権利は、他人に迷惑をかけない限り、公共の福祉に反しない限りにおいて尊重されるという但し書きがあります。自由意志でもって、他人に迷惑をかけないように、いくつかの選択肢の中から自分の行動を決めていきます。「自己決定権」と呼ばれ

ます。この十数年の間に、医療に対するものの見方が大きく変わってきています。過去の医師や病院まかせの医療から、患者にとって最も良い医療とは何かを自らが選ぶ、患者とその家族のための医療という視点の変化です。医療を提供する側は、患者に予測される病気の性質や検査の目的・手技・手順等について詳しく説明し、多くの情報を提供するだけではなく、検査や治療を受けなかった際の不利益についての情報をも提供することが義務づけられています。そこで患者には「自己決定」に伴う責任が生じます。病院へ行こうか、行くまいか。どこの病院にしようか。検査・治療を受けるか、経過をみるか。リハビリの種類は。手術か、抗癌剤か、放射線治療か。入院での治療か、在宅での療養か。徹底した治療か、緩和医療か。尊厳死を求めるか等々。

病気になって初めて、この「自己決定権」について考えると大きな負担になります。日頃の健康な時から、これらのテーマを家族や友人と話し合っておくことが大切です。何でも相談できる「かかりつけ医」を持つことも必要でしょう。「かかりつけ医」は、要望に応えて、「セカンド・オピニオン」でもってその道の専門医の意見へとつなげます。日頃から考える自らの「死生観」。「かかりつけ医」。「セカンド・オピニオン」。「正確な情報と分析」が正しい自己決定権の行使へのキーワードとなります。

ヘルスリテラシーについて調査してみたいと思っていましたが、進めてゆくうちにあまり意味がないことが分かりました。自律した高齢者が、さらに健康寿命を延ばそうと努力する様を取材し、あわよくば結果についても調べることができればと思

ったりしていました。一つには健康生活について質問したところで人まちまちで、環境も異なれば、フレーミングもことなる、回答も分散するだろうし、方向性を示すにはそれぞれのビッグデータを扱わねばならないだろう。それよりも、なぜ高齢者に男女差があるのか、高齢者の生き方、高齢者の効力感とはなどを思うことにしました。いろいろと散文を書いてきましたが、結論となるようなものにはなっていません、今後も各位の努力に期待すべきものとも思っています。

あとがき

ようやく書き上げたら、もう後期高齢者が近づいてきている。ナイスシニアを書き始めてから数年がたっていることになります。

都会に住む隠遁者になってからも十数年たっています。その間に情報社会というか、ネットワーク社会、AIによる革命の時代の変化はあまりに激しく、ついて行くのがままなりません。そこで隠遁者として現代社会をみつめ、分からないながらも分析・解説してみたのがこの散文になりました。報告書の形式をとっているが論理展開の根拠は示していないので、あるいはパッチワークとの指摘があれば、敢えて甘受せざるを得ない。それでも思いつくままに不思議と思っていること、つれづれに思案したことについて述べることが出来たと思っています。つたない散文ではありますが、ナイスシニアの世代の諸氏にお読みいただければ幸いと思っています。

現代では隠遁者とは言わないようです。何時のころから変わったのか定かでありませんが、現代では定年退職者というようです。定年退職者は原則として生涯年金が国から支給されるので、働いて収入を得ないでも、定年までに勤めた糧により生活できるようになります。

そのような現代では定年退職者は、古くよりは隠遁者であると自覚して、ひたすら自己のために、心のおもむくままに余生を過ごすのも良いのではないかと思っています。それには周囲の変革を意識しておかねばならないだろうと思っています。

・生活環境が進化すること
・ネットワーク社会、情報社会が成長すること
・共生社会が変化すること
・経済的な限界があること

いずれも困難な課題になってくるでしょうが、個人だけが老化するわけでないので柔軟な対応と研鑽が求められると思っています。

ナイスシニアのすすめ

2019年9月20日　発行

著　者　跡部正明

発行所　ブックウェイ

〒670-0933　姫路市平野町62
TEL.079 (222) 5372　FAX.079 (244) 1482
https://bookway.jp

印刷所　小野高速印刷株式会社

©Masaaki Atobe 2019, Printed in Japan

ISBN978-4-86584-425-2

乱丁本・落丁本は送料小社負担でお取り換えいたします。

本書のコピー、スキャン、デジタル化等の無断複製は著作権法上での例外を除き
禁じられています。本書を代行業者等の第三者に依頼してスキャンやデジタル化
することは、たとえ個人や家庭内の利用でも一切認められておりません。